Markus Gastl

Permakultur & Naturgarten

Nachhaltig gärtnern mit dem Drei-Zonen-Modell

Inhalt

6   Einleitung

Hortan leben – eine neue Idee?   9

10   Das Versprechen
12   Hortan als Lebensweise
14   Die Tugenden des Gärtnerns
17   Hortanes Gartenverständnis

Theorie und Grundlagen   21

22   Die Drei Zonen
27   Wo ist Humus notwendig?
29   Transfer von Nährstoffen innerhalb der Zonen

Sinnvolle Gartengeräte   33

34   Die eigenen Hände
36   Sense und Sichel
38   Unkrautstecher
40   Erdsieb
42   Kupfersauzahn
44   Gießkanne

Die Mulchwurst   47

48   Für alle Fälle: Warum?
52   Gut gedreht: Wie?
54   Nachschub gesichert: Woher und wohin?
58   Immer und jederzeit: Wann?

Superbeete für Ertrag oder Hotspot   61

62   Vielfalt durch Superbeete
64   Vulkanbeet
66   Mondsichelbeet
68   Schlüssellochbeet
70   Kräuterspirale
72   Kraterbeet
74   Kartoffelturmbeet

Die Komposttoilette   77

78   Kreislauf total
80   Der Bau

Naturmodule 83

- 84 Nisthilfen und Sandarium
- 87 Holzkeller und Wurmfarm
- 90 Wurzelskulptur und Reisighaufen
- 93 Steinhaufen, Steinpyramide und Sonnenfalle

Hortus-Netzwerk 97

- 98 Gesamtkarte des Netzwerkes
- 100 Hortus insectorum und Hortus felix
- 106 Hortus crescere patientia
- 112 Hortus permaculturis
- 118 Hortus Romanticus
- 124 Hortus rivalis
- 130 Hortus pusilli
- 136 Hortus Andersgarten
- 142 Hortus pagsis
- 148 Hortus columbarium
- 154 Hortus Aquaveganum
- 160 Hortus creationis

Service 166

- 166 Bezugsquellen
- 167 Zum Weiterlesen
- 168 Bildquellen
- 168 Impressum

Einleitung

„Hortus – Oase des Lebens" ist ein ganzheitliches Gartenkonzept, das die beiden wichtigsten aktuellen Gartenrichtungen, den Naturgarten und die Permakultur, in einem Modell verbindet. Sowohl dem Permakulturisten als auch dem Naturgärtner ermöglichen sich neue Sichtweisen und mehr Verständnis für einen ganzheitlichen Ansatz. Die Drei Zonen, genannt Puffer, Hotspot und Ertrag, sind in einem nachhaltigen Kreislauf miteinander verbunden. Das Gartenmodell wirkt neu und revolutionär, ist aber bei genauer Betrachtung eine Rückbesinnung auf altes verlorenes Wissen, ökologische Grundlagen und die traditionelle Landwirtschaft.

Ein hochproduktiver Permakulturgarten ist in Bezug auf die Erzeugung von Gemüse und Obst vorbildlich. Meistens besteht aber ein Energiedefizit, das nur mit Zufuhr von organischen Stoffen, wie etwa Pferdemist, von außen behoben werden kann.

Ein gut strukturierter Naturgarten ist in Bezug auf die Vielzahl von einheimischen Lebewesen vorbildlich. Meistens besteht aber ein Energieüberschuss, der nur durch Abfuhr von organischem Material, wie etwa Stauden- und Rasenschnitt, nach außen gelöst werden kann.

Beide Gärten sind also nicht als nachhaltig zu bezeichnen, denn der Nährstoffkreislauf ist nicht geschlossen. Es wird entweder eine nicht selbst verwaltete Ressource als Lieferant oder eine Deponie zur Ablagerung benutzt. Beide Notwendigkeiten befinden sich nicht innerhalb des eigenen Systems. Nachhaltigkeit ist aber die unbedingte Voraussetzung für dauerhafte Systeme, die sich selbst ohne Zufuhr oder Abfuhr von Energie erhalten können.

Früher mussten Gärten und Landschaften nachhaltig gestaltet werden, um fruchtbar zu werden, zu sein und zu bleiben – ohne Einsatz von Kunstdünger, teuren Materialien, anfälligen Pflanzen, Chemie, enormen Gestaltungs- und laufenden Unterhaltskosten. Es gab keinen Abfall und keine Entsorgungsprobleme. Es gab nur begrenzte Ressourcen und die Notwendigkeit für reichhaltige Ernten. Die Arbeit musste intelligent eingeteilt werden, denn auch in anderen Lebensbereichen war Einsatz gefordert.

Ein Hortus mit den Drei Zonen braucht weniger Zeit zur Gestaltung und Pflege als ein herkömmlicher Garten. Dafür bekommen und unterstützen Sie aber zusätzlich Schmetterlinge und andere Insekten, Vögel und sonstiges vielfältiges tierisches Leben. Sie ernten gesundes Gemüse und schmackhaftes Obst, ohne dabei Ressourcen zu verschwenden oder Chemie und Dünger einsetzen zu müssen. Sie fördern Ihre Kreativität und verbringen Ihre Zeit im Garten nicht nur arbeitend, sondern auch genießend mit dem Fotoapparat, einem Buch oder einem Glas Wein.

Die Mulchwurst und die Komposttoilette gewährleisten den Nährstoffkreislauf. Die eingesetzten Geräte sind leise und umweltschonend ohne Krach und Abgase. Sie sparen das Geld für die Entsorgung von Rasen- und Astschnitt, für den Kauf von Chemikalien und sonstige Spezialprodukte für Pflanzen. Sie investieren Ihr Geld in einheimische und robuste Pflanzen, die kaum Pflege benötigen und oft schöner sind als die fremdländischen Gewächse.

Superbeete fungieren als geniale Ertragszonen und vereinfachen den Anbau. Superbeete können auch als Hotspotzonen auf kleinem Raum ausgeführt werden. Die Vielzahl von Naturmodulen in der Puffer- und Hotspotzone sind kreative Lösungen, die alle Nützlinge in Ihrem Hortus auf vielfältige Weise unterstützen.

Ihr Garten wird zu einer Oase des Lebens. Lassen Sie sich auf eine neue Sichtweise auf das Land vor Ihrer Haustür ein. Gestalten Sie Ihren Gartenraum in kreativer und individueller Weise. Sie leisten einen Beitrag für die Gesunderhaltung der Welt und für sich selbst. Sie übernehmen Verantwortung und leben hortan.

Hortan leben – eine neue Idee?

Hortan bedeutet „aus dem Garten". Jeder kann sich an den Apfelkuchen oder das Radieschenbrot von Oma erinnern. Viel Erfahrung und Können wurde in den letzten Jahrzehnten vergessen. Wenn Sie die gute alte Zeit wieder aufleben lassen könnten, wäre dies Rückschritt oder Fortschritt? Entscheiden Sie selbst!

Das Versprechen

Heute mit 50 Jahren auf meinem Lebensweg habe ich viel erlebt, erfahren und hoffentlich auch etwas dabei gelernt.

Kinder staunen automatisch, Erwachsene haben das meist verlernt.

Als Kind erschien mir alles wunderbar, ich hatte viel Freiheit. Mit einem Freund baute ich Laubhütten und Unterstände in einer dichten Flurhecke, durch die ein kleiner Bach mit Muscheln und Elritzen floss. Das ganze Projekt nannten wir „Arborque". Wir waren stolz auf unseren Namen, der sich für uns geheimnisvoll anhörte und irgendwas mit Bäumen und Wasser zu tun haben sollte. Wir fingen Frösche, Fische oder Insekten und ließen sie wieder frei. Ich erlebte eine glückliche Kindheit mitten auf dem Land gleich neben Äckern und Wiesen.

Als Jugendlicher musste ich viel im Gemüsegarten und bei der Versorgung unserer Hühner und Hasen helfen. Mir machte das nichts aus, es war normal. Füttern, schlachten und ab damit in die Tiefkühltruhe. Ein Großteil unserer Nahrung wurde noch selbst produziert. Gerne las ich Abenteuerbücher und Reiseberichte; ich fing an, von der weiten Welt zu träumen. Die reale Welt rückte aber immer näher, die Äcker und Wiesen wurden nach und nach Neubaugebiete. Damals bemerkte ich das erste Mal, dass die Natur auf dem Rückzug war. „Arborque" war einfach verschwunden, innerhalb von ein paar Tagen war alles eingeebnet und plattgemacht mit großen Maschinen. Ein erster Verlust – den Abenteuerspielplatz meiner Kindheit gibt es nicht mehr.

So begann ich, mich bei einer Bund-Naturschutz-Gruppe zu engagieren. In den Schulferien musste eine Orchideenwiese gemäht und das Mähgut per Hand abtransportiert werden. Eine anstrengende Arbeit, die sich aber lohnte, weil nur so die Blütenpracht erhalten blieb. Die Familie gab die Kleintierhaltung auf. Eier kamen in Zukunft aus den Massenbetrieben und letztendlich aus dem Supermarkt. Es war so einfach, dort alles Notwendige zu kaufen. Auch der Gemüseanbau wurde stark reduziert.

Tschernobyl war ein Wendepunkt in meiner Wahrnehmung – man konnte nicht mehr einfach so in den Wald gehen und Pilze sammeln, sie waren verstrahlt und nicht mehr für den Verzehr geeignet. Zu Beginn meines Geographiestudiums wurden Atomkraft und Ozonloch in den Medien thematisiert. Langsam begann ich sensibler zu werden und meine Umwelt und das Handeln des Menschen ökologischer und auch kritischer zu betrachten. Es war schrecklich: Die Orchideenwiese, die unsere Gruppe viele Jahre gepflegt hatte, wurde einer Umgehungsstraße geopfert und zubetoniert. Einfach so, weil die Menschen eine Straße wollten. Keiner fragte nach den Blumen oder den Insekten dieses vielfältigen Biotops. Der zweite Verlust – der Gier des Menschen wird alles geopfert.

Weg, weit weg von all dieser Zerstörung wollte ich sein. So nahm ich eine erste Auszeit, eine Flucht vielleicht. 1,5 Jahre mit dem Rad durch Südamerika. 19 456 Kilometer auf Pisten und Straßen. Diese Reise war eine Vorbereitung auf den sich nun im Kopf formulierenden Traum. Die Panamericana, von Feuerland nach Alaska. Die gesamte Strecke. Alles. Mit dem Rad. Durch die Wüsten und den Regenwald, über Gebirge und durch die Ebenen.

Mich interessierte nichts anderes mehr, nur diese Reise. Ein paar Jahre später war ich im Kopf und finanziell bereit. Die Fahrt dauerte von Ushuaia nach Inuvik 2,5 Jahre und 41 843 geradelte Kilometer zogen an mir vorüber. Es war ein Wechselbad der Gefühle. Ich weinte Tränen des Glücks über die Schönheiten dieser Erde und die Wunder der Natur. Staunend stand ich vor dem unglaublich blauen Perito-Moreno-Gletscher. Guanako, Ameisenbär, Löwenkopfäffchen, Anakonda, Ara, Elch und Grizzly und vielen anderen Tieren mehr begegnete ich unmittelbar und frontal. Die Landschaften in all ihren Facetten faszinierten mich. Die Blüten, die Vegetation, die Gesteine, alles.

Aber ich weinte auch Tränen der Trauer über die immense Zerstörung, die der Mensch schon angerichtet hatte – zum Beispiel der Kahlschlag der Wälder in Südamerika. Jetzt waren dort nur noch Zuckerrohrplantagen, um Alkohol für unser Benzin E10 zu erzeugen, oder Soja, um bei uns Milchseen und Fleischberge zu produzieren.

Die Route plante sich von selbst. Der Verkehr und ausufernde Städte mit Millionen von Einwohnern zwangen mich auf kleine bis kleinste Straßen, die all diese Probleme weiträumig umfuhren. So habe ich auch keine einzige Hauptstadt auf dieser langen Reise kennengelernt, dafür aber Gastfreundschaft und einfache Menschen.

Es war ein Wechselbad der Gefühle. Innerlich war ich unglaublich zerrissen, Wut und Zorn angesichts der immensen Naturzerstörungen, die nicht aufhören, auf der einen Seite, Dankbarkeit für das Erlebte, Einmalige, auf der anderen.

Erst am Ziel kam ich zur Besinnung. Am liebsten wollte ich mit den Finger auf die anderen zeigen, auf die Politik, die Landwirtschaft, die Gier, das ungebremste Wachstum und alle sonstigen, und einfach nur losschimpfen. Doch ich kam zur Besinnung, zur Einkehr. Ich nahm also gedanklich meinen Finger, mit dem ich auf die anderen zuhielt, und drehte ihn so, dass er auf mich selbst zeigte: Was bin ich selbst bereit zu tun für die Natur? Was kann ich selbst für die Natur tun? Mir fiel nichts ein.

Doch da war etwas, was ich in meiner Kindheit schon kennengelernt hatte und auch noch immer auf der Reise sehen und erleben konnte. Menschen, die auf ihrem kleinen Stück Land standen und arbeite-

Hortus, ein Ort der Kraft und Ruhe.

ten, im Einklang mit der Natur ihre Nahrung produzierten und dabei die Natur schützten. Sie alle pflegten eine Oase des Lebens. Sie hatten einen Hortus, einen Garten.

Das wollte ich auch. Es folgte ein Versprechen, das ich der Welt gab, aber wohl am meisten mir selbst. Wie anders sollte ich auch weitermachen können mit all den polarisierenden Erlebnissen. Am Ende der Reise von Feuerland nach Alaska legte ich also ein Versprechen ab: Zurück zu meinen Wurzeln auf meinem eigenem Land, das wollte ich tun. Mich einsetzen für die Insekten, die Pflanzen, die Unscheinbaren und die Kleinen, die doch letztendlich das große Ganze bestimmen und ausmachen.

Mich interessierte nichts anderes mehr, nur diese Sache mit dem Hortus, der Oase des Lebens.

Hortan als Lebensweise

Zunehmend mehr Menschen bemerken wie ich, dass irgendwas mit dem Verhältnis Mensch und Natur nicht mehr stimmt.

Es gibt Schlagworte wie das Bienensterben, die über den Kinofilm „More than Honey" tief in das Bewusstsein der Öffentlichkeit eingedrungen sind. Albert Einstein schreibt man den Spruch zu: „Wenn die letzte Biene gestorben ist, hat der Mensch noch 4 Jahre zu leben." Da steckt wohl mehr Wahrheit drin, als man sich eingestehen möchte. Die meisten pflanzlichen Nahrungsmittel wachsen und reifen erst, wenn deren Blüten von Bienen bestäubt wurden. Bleibt dies aus, verschwindet zwangsläufig alles Obst und Gemüse von unseren Speisetellern.

Deswegen könnte hortan zu leben in Zukunft eine bedeutende Rolle bekommen. Der Begriff leitet sich von Hortus, lateinisch Garten, ab. Der Mensch stellt dabei einen unmittelbaren Bezug zu dem Land vor seiner eigenen Haustüre her, ob gepachtet, in Eigenbesitz oder öffentlich. Dieses Land, in drei Zonen aufgeteilt, erfüllt dabei unterschiedliche Anforderungen. Drei Aspekte sind dabei von entscheidender Bedeutung:

- Versorgung mit gesunden Lebensmitteln
- Förderung und Schutz von einheimischen Tieren und Pflanzen
- Nachhaltigkeit durch geschlossene Energie- und Nährstoffkreisläufe

In Zukunft müssen über 8 Milliarden Menschen ernährt werden. Dabei sollten weder Tiere noch Pflanzen ausgerottet oder Ressourcen verschwendet werden. Verantwortung trägt dabei jeder von uns selbst.

Negativbeispiele, welche die Dringlichkeit einer Änderung der Lebensausrichtung dokumentieren, finden sich leicht. Der Fibronil-Eier-Skandal des Sommers 2017 wird nicht der letzte große Betrug der Nahrungsmittelindustrie gewesen sein.

Palmöl ist stark in die Kritik geraten, aber es ist in den meisten Nahrungsmitteln verarbeitet und somit als universelle Grundlage fast unverzichtbar geworden. Für die Produktion werden vor allem in Asien die Urwälder in einer Rekordgeschwindigkeit geopfert. Soja, angebaut in Südamerika mit einem enormen Einsatz von Chemie, ist die Grundlage für unsere Massenproduktion von Fleisch, Milch und deren Folgeprodukten in den Industrieländern.

Dabei werden wertvolle Lebensräume zerstört. Wohl jeder hat schon Fotos von „weinenden" Orang-Utans gesehen. Überall ist ein Verlust an Arten zu verzeichnen, der sehr bedenklich ist. Der „stumme Frühling" droht, wenn im Winter an dem ausgelegten Meisenknödel keine oder kaum mehr Singvögel auftauchen. Im Winter 2016/2017 bemerkten dies sehr viele Vogelfreunde an ihren Futterstellen. Der Schwund an Insekten in Deutschland wird von Experten und Wissenschaftlern mit bis zu 80 Prozent innerhalb der letzten 20 Jahre angegeben. Eine bedrohliche Entwicklung.

Doch die globalen Vernetzungen sind tiefgreifender und betreffen nicht nur Lebensmittel, sondern nahezu die gesamte Bandbreite käuflicher Produkte, wie Bekleidung und Konsumgüter, Autos und Computer. Alle werden produziert mit einem enormen Energieaufwand unter Verschwendung von nicht endlosen Ressourcen. Bald darauf werden diese Produkte wieder vernichtet, ausrangiert, entsorgt und neu gekauft. Ein unglaublicher Vorgang. Wenn alle Menschen so leben wollten wie wir Deutschen, bräuchten wir aktuell 4,7 Planeten. Es gibt aber nur eine Erde. Wer gibt uns das Recht zu einem Afrikaner zu sagen: „Du darfst nicht so leben wie ich!"? Die bittere Erkenntnis kann nur sein: Wir Reichen müssen unseren Ressourcenverbrauch senken, damit wir alle gemeinsam weiter auf dieser einen Erde leben können.

Diese Verschwendung findet nicht nur global statt, sondern ist Standard in den meisten Gärten. Falsche Bepflanzungskonzepte erzwingen flächenhafte Bewässerung mit wertvollem Trinkwasser oft schon ab Mitte Mai. Bodenfruchtbarkeit erhält sich nur durch Düngerzugaben von außen. Für jedes Problem gibt es etwas zu kaufen. Die normalen ökologischen Kreisläufe sind durchbrochen und Gärtnern wird zu einem höchst unproduktiven Hobby, das viel Geld und Zeit kostet. Das muss so nicht sein, der Weg zurück zu geschlossenen Kreisläufen ist leicht möglich und in jedem Garten realisierbar.

Auf dem Land vor der eigenen Haustüre kann jeder anfangen, aktiv zu werden und dieser Entwicklung etwas entgegenzuhalten.

Etliche Konsumenten, denen die „hortane Lebensweise" noch nicht bekannt ist, sind deshalb bereit, mehr zu zahlen, um Natur und Ressourcen zu schonen, und legen bei ihren Einkäufen einen Schwerpunkt auf „Regional" und „Bio". Doch es lassen sich leicht Beispiele finden, dass auch hier auf unlautere Weise Geld verdient wird, und die Ware nicht hält, was sie verspricht.

Etikettenschwindel und fehlende Transparenz, mangelnde Kontrollen und schwer nachvollziehende Transportwege lassen in manchen Fällen Zweifel aufkommen, ob alles mit rechten Dingen zugeht und ob Regional und Bio wirklich das sind, was sie vorgeben zu sein.

Hortan, die Produktion in Ihrem eigenen Garten, kann all diese Zweifel und Unsicherheiten ausschließen. Es geht nicht regionaler, Ihre Nahrung wächst direkt vor Ihrer Haustür. Mehr Bio geht nicht, denn der komplette Anbauzyklus obliegt Ihrer Kontrolle. Sie selbst wissen am besten, ob es irgendwo Einsatz von Chemie gegeben hat. Vom Samenkorn bis zum Genuss der zubereiteten Speise obliegt Ihnen der gesamte Prozess. Ein einzigartiger Glücksfall, den man sich nicht entgehen lassen sollte, schon alleine wegen dem Geschmack der zu erntenden Ware.

Keiner wird erwarten, dass Sie die komplette Selbstversorgung erreichen. Aber eine Zusatzversorgung mit echten und wertvollen Lebensmitteln und der Vielfalt von einheimischen Wildkräutern ist möglich. Jederzeit. Auf jeder Fläche, vom Balkon über den kleinen oder großen Garten bis hin zum Acker oder auf öffentlichen Flächen. Die Wertschätzung gegenüber Lebensmitteln, Wasser, körperlicher Arbeit, Tieren und Pflanzen wird bei dieser hortanen Lebensweise wachsen und Ihnen, dem Konsumenten, ein kleines Stück Unabhängigkeit in dieser globalisierten Welt zurückgeben.

Jeder Salat, der aus Ihrem Hortus stammt, wurde nicht in Südspanien unter Plastik und Einsatz chemischer Gifte produziert, lange Distanzen gekühlt, verpackt und augenschön präsentiert. Jeder eigene Salat macht die Welt wieder ein wenig besser und ehrlicher.

Ein Tropfen Wasser nur auf dem sprichwörtlich heißen Stein fürwahr. Wenn aber alle Menschen genau das tun, werden aus diesen Tropfen auch fruchtbarer Regen.

Eigene Tomaten erkennt man am Geschmack.

Die Tugenden des Gärtnerns

Zu leicht vergessen die Menschen, dass jedes Leben, auch ihr eigenes, irgendwann endet.

Nach dem Tod bleibt alles Materielle zurück. Salopp ausdrücken kann man diese Wahrheit mit den Sprüchen „Der Sarg hat keine Regale" oder „Das letzte Hemd hat keine Taschen". Das bedeutet, dass jedes Land, jeder Grund und Boden und somit jeder Garten weder Eigentum noch Besitz sein können. Ein Hortus ist uns nur anvertraut für die eigene Lebenszeit. Der verantwortungsvolle Gärtner handelt mit Bedacht, um dieses kostbare Gut zu verwalten und dabei vielfältiger, schöner und nützlicher zu machen und noch besser an den nächsten Verwalter zu übergeben.

Dabei bedient er sich bestimmter Tugenden. Dankbarkeit und Demut, Ehrfurcht und Gerechtigkeit, Maßhaltung und Genussfähigkeit und schließlich Gelassenheit und Hingabe bestimmen sein Tun und Handeln. Es ist ein bewusster Umgang mit den natürlichen Ressourcen, den tierischen und pflanzlichen Lebewesen und letztendlich mit sich selbst.

Der Aufbau von Humus, die Aussaat, das Pflegen der Pflanzen und schließlich die Ernte sind Prozesse, die Arbeit machen. Der Gärtner investiert hier viel Zeit und Energie. Trotzdem bleibt etwas, was er nicht wirklich beeinflussen kann. Das Wunder des Wachsens geschieht ohne sein Zutun, der Same bricht auf und ein Keimling erwacht zum Leben. Der Keimling wird groß und erstarkt – mit dem einen Ziel, selbst wieder Samen zu produzieren und so fort zu leben. Mit der Bewusstmachung dieses wunderbaren Geschenkes, welches die Natur zu leisten vermag, entsteht ein Gefühl der Dankbarkeit.

Ein Wunder: die Zwiebel ist gepflanzt, aber von alleine gewachsen.

Der Gärtner hat nicht die Macht, alles aus eigener Leistung zu erschaffen, er ist und bleibt auf dieses Wunder angewiesen, um ernten zu können. Er ist nur Pflegender und dennoch Nutznießer. Daraus folgt unweigerlich das Gefühl der Demut, die Einsicht, dass nicht alles allein durch den Menschen selbst möglich ist. Demut, lateinisch *humilitas*, leitet sich interessanterweise von Humus, dem fruchtbaren Boden, ab. Ein demütiger Gärtner ist also erdverbunden und mit beiden Beinen auf dem Boden stehend; er ist verwurzelt wie seine Pflanzen, die er hegt und pflegt.

Die unglaubliche Vielfalt an Lebewesen in einem Hortus – das Summen der Bienen, das Singen der Vögel, die Farben der Blüten, die Gerüche der Dinge, die Oberflächen von Rinde und vieles andere mehr – lassen uns vor Ehrfurcht staunen. Vor uns entfaltet sich eine zerbrechliche Welt von Mitgeschöpfen, die das gleiche Lebensrecht haben wie wir selbst. Zu leicht kann Leben absichtlich oder aus Versehen ausgelöscht werden, aber jedes Leben will sich vermehren und so weiter existieren. Die Unterscheidung zwischen Nützling und Schädling geht egoistisch von uns Menschen aus, wir maßen uns an, über Leben und Tod zu entscheiden. Nicht nur Zweck oder Nutzen sind lebenswert, sondern auch bloße Vielfalt und Schönheit haben ihre Lebensberechtigung. Je seltener und kleiner, je schwächer und verwundbarer ein Lebewesen ist, desto wertvoller und bedächtiger sollen wir es betrachten und unterstützen. Gerechtigkeit sollen wir also auch den Lebewesen zukommen lassen, die wir sonst unbeachtet lassen oder durch die wir uns gestört fühlen. Für Frösche bauen wir einen Teich, für Bienen pflanzen wir Blumen, für den unermesslichen Rest aller Unbeachteten errichten wir Naturmodule und planen die Drei Zonen. Ein Hortus ist für alle da, denn gerechtes Gärtnern gibt nicht nur den Pflanzen Düngergaben, die wir essen und ernten, sondern kennt und erkennt auch die Bedürfnisse der

Gelassenheit lernt man von den Schnecken.

Pflanzen, die mageren Boden und gute Drainage brauchen. Trotzdem oder gerade deswegen befindet sich alles im Gleichgewicht.

Das Zusammenleben des Menschen mit allen nichtmenschlichen Geschöpfen ist Ziel dieses Prozesses. Die gesamte Vernetzung aller unterstützt und fördert gegenseitige Stabilität. Win-Win-Situationen und Rückkopplungen bereichern das vorhandene System. Damit dies gelingt, ist Maßhaltung von Nöten. Der Gärtner wird etwa einen Fraßschaden an Blättern nicht nur bemerken als „hier hat jemand gefressen", sondern auch als „hier habe ich jemandem Nahrung gegeben". Die Bereitschaft zu teilen und zu geben verbirgt sich sicher auch hinter der Forderung der Abgabe des biblischen „Zehnts".

> **Ernährungssicherheit** bezieht sich auf die Verfügbarkeit von Nahrung und den Zugang zu Lebensmitteln. Ein Haushalt gilt als „ernährungsgesichert", wenn seine Mitglieder nicht hungern oder Unterernährung befürchten müssen. Nach Angaben der Ernährungs- und Landwirtschaftsorganisation der Vereinten Nationen (2013) leiden weltweit rund 842 Millionen Menschen unter chronischem Hunger durch extreme Armut und für bis zu 2 Milliarden Menschen ist die Ernährung zumindest zeitweise unsicher.

> **Ernährungssouveränität** bezeichnet das Recht aller Völker, Länder und Ländergruppen, ihre Landwirtschafts- und Ernährungspolitik selbst zu definieren. Leitmodell ist hierbei eine kleinbäuerliche Landwirtschaft, die auf nachhaltige Weise vor allem Nahrung für die lokale Bevölkerung produzieren soll. Selbstversorgung, lokaler und regionaler Handel sollen Vorrang vor Exporten und Welthandel haben und so Ressourcen schonen.

3. Moses 30 zitiert: „Jeder Zehnt des Landes, der vom Ertrag des Landes oder von den Baumfrüchten abzuziehen ist, gehört dem Herrn; es ist etwas Heiliges für den Herrn." Heilig für die Natur oder den Herrn sind auch alle anderen Lebewesen, die sich ihren Teil ebenso nehmen dürfen.

Der gute Gärtner wird also einen gesunden und tolerierbaren Mittelweg finden zwischen persönlicher Gier und übertriebener emotionaler Fürsorge, die dennoch ausreichende Ernte ermöglicht und auch andere leben lässt. Diese Wahrnehmung führt dann schließlich zu einer absoluten Genussfähigkeit der Ernte. Entscheidend ist nicht, dass der Apfel eine Standardgröße besitzt und makellos glänzt, sondern dass er unter Obhut und innerhalb des gesamten Gartensystems hat wachsen dürfen und können. Der Apfel hat seinen Beitrag geleistet und kann nun genossen werden. Wir schmecken nicht nur den Apfel, sondern alles, was mit diesem Apfel in Verbindung steht und stand und stehen wird. Dieser Apfel beherbergt mit seinen braunen Flecken und der roten Sonnenseite das pralle Leben. Beißen wir also mit Herzenslust in diesen Apfel, denn wer genießen kann, hat auch Geschmack am Leben.

In einem reichen Land wie Deutschland ist jede Tätigkeit im Garten als Hobby zu betrachten und nicht als Überlebensstrategie. Fällt eine Ernte mäßig aus, braucht niemand zu verhungern. Hochwertige Lebensmittel können in einem solchen Fall auch gekauft werden. Die Ernährungssicherheit ist nicht die Grundlage des Gärtnerns, sondern der Anreiz ist eine gedachte Ernährungssouveränität. Das eigene Glück hängt also nicht davon ab, ob alles perfekt funktioniert und die Ergebnisse hundertprozentig sind. Das eigene Gärtnerglück ergibt sich aus dem Prozess von Lernen und Staunen, der Wahrnehmung des Wandels der Jahreszeiten und dem Gedeihen der Tiere und Pflanzen. Mit dem eigenen Älterwerden wachsen unsere Erfahrung und Kenntnis dieser Wunderwelt. Mit dieser Gelassenheit fällt alles viel leichter. Gärtnern ist nicht Last, sondern Lust. Der Garten ist ein Experiment für die eigene Lebenszeit, mehr nicht. Alle Tätigkeiten werden mit Hingabe ausgeführt, weil wir dazu Lust haben, nicht, weil sie von uns erwartet werden oder es getan werden muss.

Der sture Ordnungswahn in den meisten Gärten zeigt die andere Seite, die Versklavung und Unfreiheit des eigenen Denkens und den Mangel an schöpferischer Kraft. „Im Brot der Erde den Himmel schmecken", bemerkt Michael Rosenberger, katholischer Moraltheologe: „Hingabe bezeichnet die Bereitschaft, sich selbst mit seiner Energie, seinen Fähigkeiten, seinen Ressourcen und seiner Zeit an andere zu verschenken, die das brauchen. Hingeben kann sich nur der innerliche starke Mensch. Er entwickelt die nötige Gelassenheit, von den eigenen Bedürfnissen abzusehen und wahrzunehmen, dass die Nöte anderer größer und dringlicher sind. Starke verzichten um der Gemeinschaft und Verbundenheit mit den Hilfsbedürftigen willen – weil sie selbst einmal empfangen haben. Gleichwohl hat Hingabe Grenzen: Es macht keinen Sinn, sich im Engagement für andere derart aufzugeben, dass man am Ende nicht mehr helfen kann. Echte Hingabe im Sinne der ethischen Tugend wird nachhaltig denken und die eigenen Kräfte realistisch einteilen" (Rosenberger 2014, S. 60).

Mit diesen acht Tugenden gehen Sie nicht nur in Ihren Hortus, die Oase des Lebens, sondern auch durch Ihr sonstiges Leben und werden erkennen, was es bedeutet: „Sei nicht Sklave einer Utopie, sondern Diener deiner Vision!"

Seit Jahrtausenden ein Begleiter des Menschen: die Zypressen-Wolfsmilch.

Hortanes Gartenverständnis

Die „neolitische Revolution", die Wandlung vom nomadischen Jäger und Sammler hin zum sesshaften Ackerbauern, markiert eine Zeitenwende in der Entwicklung des Menschen.

er Mensch beginnt in Mitteleuropa vor 8 000 Jahren gärtnerisch, also hortan, zu handeln. Kulturpflanzen und Haustiere werden gezüchtet und sind fortan die Grundlage des Überlebens.

Düngung ist noch unbekannt und so werden die ersten Siedlungen auf den besten verfügbaren Böden, den Lößgebieten, angelegt. Diese neue bäuerliche Lebensweise, der Ackerbau kombiniert mit Viehhaltung, ist gegenüber der Jagd ein durchschlagender wirtschaftlicher Erfolg. Die Siedlungsdichte und Bevölkerungszahl steigt kontinuierlich an. Die Böden beginnen allerdings mancherorts durch den Anbau auszulaugen und zu verarmen. So verändern sich etwa Kiefernwälder auf Sandböden durch Abholzung, vorübergehenden Ackerbau und darauf folgende Beweidung zu nährstoffarmen Heiden. Aber in „Geschichte der Landschaft in Mitteleuropa" schreibt Hansjörg Küster: „Der frühe Ackerbau führte nach allem, was wir wissen, zwar zur Umgestaltung der Landschaft, aber nicht zur Ausrottung von Pflanzen- und Tierarten. Im Gegenteil, ganz neue Lebensräume entstanden: Felder, Gärten, Wege zwischen den Häusern, Hüttenwände, vom Vieh beweidete Wälder, Waldränder, Brachen. Die Vielfalt der künstlich geschaffenen Wuchsorte vermehrte die Anzahl der Pflanzenarten in Mitteleuropa. Pflanzen der Flussufer, aber auch süd- und osteuropäischer Steppen wurden zu Unkräutern" (Küster 2013, S. 85).

Diese Wirtschaftsweise, auch wenn sie in gewisser Hinsicht durch die Nutzung der Wälder schon Raubbau bedeutete, fördert und schützt die einheimischen Tiere und Pflanzen. Gerade auf den mageren Flächen, wie Steinbrüchen, Magerwiesen oder Heiden, stellt sich eine unglaubliche Vielfalt von Lebewesen sein, die bis zum Einsetzen der Industrialisierung und Mechanisierung ihren absoluten Höhepunkt erreicht. Heute zählt man in Deutschland um die 4 200 verschiedenen Pflanzenarten, die wiederum einer Vielzahl von Insekten, Vögeln, Reptilien, Amphibien und Säugern eine Lebensgrundlage bieten. Im „Bildatlas der Farn- und Blütenpflanzen Deutschland" wird diese Vielfalt in Text und Bild vorgestellt.

Die aparten Schachbrettblumen vermehren sich auf mageren Wiesen prächtig.

Dem Menschen wird dennoch schon im Mittelalter erstmals bewusst, dass Ressourcen begrenzt sind und Fruchtbarkeit durch bestimmte Maßnahmen erhalten werden muss. Verbesserte Ackerbaumethoden werden entwickelt, wie etwa der Fruchtwechsel zwischen Winter- und Sommergetreide oder die Drei-Felder-Wirtschaft mit brachliegenden Äckern, auf denen das Vieh grast und durch deren Fäkalien gleichzeitig eine Düngung gewährleistet wird. Auch die eigenen Ausscheidungen werden zur Düngung genutzt. Der Mensch lebt nachhaltig durch geschlossene Energie- und Nährstoffkreisläufe, die er beständig zu verbessern versucht. Dort, wo arme Böden vorherrschen, wird trotzdem gemäht und das Mähgut, auch wenn es nicht mehr als Tierfutter dienen kann, als Einstreu im Stall verwendet und letztendlich wieder mit Mist vermischt auf die guten Bodenflächen transferiert.

Die Produktion der Nahrungsmittel steigt ebenso wie die Bevölkerung weiter an. Der mittelalterliche Mensch ist voll in das System der Natur integriert. Wenn nicht Wetterkapriolen, Krieg oder Krankheiten das Leben erschweren und deswegen eine Hungersnot droht, ist man versorgt mit gesunden Lebensmitteln. Die Vielfalt der nutzbaren Pflanzen steigt nach der Entdeckung Amerikas beständig an. Kartoffel und Tomate etwa finden den Weg nach Mitteleuropa und bereichern fortan die Speisekarten.

Ökologisch betrachtet leben die Menschen noch bis vor 100 Jahren, von den Großstädten mit ihren eigenen Problemen einmal abgesehen, in einem Paradies. Aber auch in den Städten werden in Poudrette-Fabriken die gesondert eingesammelten menschlichen Fäkalien pulverisiert, um dann als Dünger in der Landwirtschaft und im Gartenbau eingesetzt zu werden. Hauptbestandteile des damaligen Hausmülls sind Fleisch- und Pflanzenteile, unser heutiger Biomüll und Feinmüll, der hauptsächlich aus Asche besteht.

Die jahrhundertelang bewährte Kreislaufwirtschaft bricht dann aber mit der rasanten Industrialisierung und darauffolgenden Globalisierung in sich zusammen. Die Erfindung des Kunstdüngers auf Basis von Öl durch Haber und Bosch in der Zeit zwischen 1920 und 1930 markiert diese Abkehr vom ökologischen Wirtschaften mit der Natur. Die beständige Verfügbarkeit von billigen und „sauberen" Kunstdüngern bewirkt eine andere Mentalität in der Landwirtschaft. Eine noch nie gekannte Produktion von Agrarüberschüssen verbilligt oder stabilisiert mit Subventionen die Lebensmittelpreise. Die mageren Flächen mit ihrer Vielfalt können nun einfach aufgedüngt und in Nutzung genommen werden. Ein gewaltiges Artensterben hat mit diesem Wandel und dem Einsatz von Chemie begonnen.

Heute stehen die Landschaft, die Landwirtschaft und der Mensch an einer Wegscheide: Entweder so weiter machen wie bisher und in Zukunft grandios scheitern oder neue Wege gehen und weiterhin mit einem Planeten für alle Menschen auskommen. Die heutige Genera-

Die **Pflasterfuge,** heute oft der letzte natürliche Ort beim Menschen.

tion ist die erste Generation, die den ökologischen Kollaps erahnen kann, aber auch die letzte Generation, die etwas dagegen tun können wird.

Hansjörg Küster meint dazu: „Die Weiternutzung extensiv bewirtschafteten Agrarlandes nach alter Väter Weise wäre der beste Naturschutz. Aber er kann nicht Ziel einer auf Ertragssteigerung und Rationalisierung ausgerichteten Landwirtschaft sein. Es kostet sehr viel Geld und Arbeit, genauso wie vor einhundert Jahren kleine Äcker zu bewirtschaften, ohne moderne Traktoren, Pflüge, Sämaschinen und Mähdrescher. Das Gleiche gilt für die Beweidung von Heiden und Hudewäldern: Hirten müssten dort wie einst ihre kleinen Herden aus wenig leistungsfähigen Rindern, Schafen, Ziegen und Schweine hüten" (Küster 2013, S. 392).

So wie sich die Landschaft änderte, verwandelte sich auch der Garten von einem vielfältigen, schönen und nützlichen Refugium hin zu einem reinen Schauobjekt oder langweiligen, überflüssigen Hausanhängseln. Peter Poschlod bemerkt sinngemäß dazu in „Geschichte der Kulturlandschaft": „Das Wort ‚Garten' lässt sich aus dem indogermanischen Sprachkreis für ‚Zaun und Hof' oder ‚eingehegter Platz' ableiten. Jeder Garten ist das Produkt einer ganz bestimmten Geisteshaltung. Jede Zeit und Kultur hatte ihre eigenen Beweggründe für die Gartengestaltung. Auf den Klostergärten baute die nachfolgende Kultur der mittelalterlichen Bauern-, Burg- und Stadtgärten auf. Mit den Renaissancegärten entstand die europäische Gartenkultur. Großflächige Landschaftsgärten entstanden schließlich im Zeitalter der Aufklärung und Romantik. Während die meisten Pflanzenarten bis zum Beginn der Neuzeit entweder als Gemüse oder Heilpflanzen gezogen wurden, aber auch aus religiösen oder symbolischen Gründen, überwogen ab der Frühen Neuzeit Zierzwecke" (Poschlod 2015, S. 184).

Ein Spaziergang durch eine Neubausiedlung präsentiert wie eine Ohrfeige die aktuelle Geisteshaltung der entscheidenden Generation. Die meisten Menschen dort sind Väter und Mütter mit Kindern.

Die Förderung und der Schutz einheimischer Tiere und Pflanzen spielt heute keine Rolle mehr. Ein Grundsortiment von etwa 60 fremdländischen Pflanzen (Thuja, Geranien, Petunien, Rhododendron, Pampasgras usw.) gibt den einheimischen Lebewesen keine Nahrung.

Die nachhaltigen Kreisläufe sind unterbrochen. Was man glaubt zu brauchen, wird heute im Baumarkt gekauft, was man nicht mehr braucht, wird entsorgt. Verschwendung von Ressourcen (Wasser, Energie, Material usw.) ist Gartenstandard geworden. Das dicke Auto bleibt dominantes Statussymbol auf toten Flächen.

Die Versorgung mit Nahrung bedient sich der Massenproduktion hochverarbeiteter Produkte. Ob diese Produkte und „Lebensmittel" ehrlich, gut, gesund und ethisch einwandfrei sind, braucht nicht infrage gestellt zu werden. Überbestände werden zur Preisregulierung einfach vernichtet.

Hier können wir ansetzen, um Veränderungen zu bewirken durch unser eigenes Tun und Handeln auf unserem eigenen Land. Deswegen ist es Zeit, das alte Wissen um die Zusammenhänge aufleben zu lassen und im eigenen Garten wieder mit mehr Gartenverständnis in einer „Oase des Lebens" zu wirtschaften.

Fangen wir also an!

Theorie und Grundlagen

Ein einfaches Modell mit nur drei Zonen kann Ihre Gartenfläche so vernetzend strukturieren, dass eine ausgewogene Gestaltung gelingt. Es entsteht Lebensraum für Bienen, Schmetterlinge und andere Insekten. Die Ernte gesunder Lebensmittel für den Eigenbedarf ist nachhaltig möglich. Probieren Sie es aus!

Die Drei Zonen

Was sind Puffer, Hotspot und Ertrag? Um das Prinzip der Nachhaltigkeit durch geschlossene Energie- und Nährstoffkreisläufe besser zu verstehen und auf die Gestaltung und Zonierung eines Gartens zu übertragen, bedienen Sie sich zunächst eines gedanklichen Tricks.

Stellen Sie sich vor, Sie sind nach einem Schiffbruch oder Flugzeugabsturz auf einer einsamen kleinen Insel in der Weite des Ozeans gestrandet. Weit entfernt von anderen Inseln oder einem Kontinent. Sie sind vollkommen auf sich selbst gestellt. Eine kleine Quelle versorgt Sie mit Trinkwasser und manchmal regnet es ein wenig. Auf der Insel leben unterschiedlichste Tiere, vor allem Insekten. An manchen Stellen gedeihen die Pflanzen besonders gut, etliche davon sind essbar. Glücklicherweise verfügen Sie über ein paar Werkzeuge, Ihre Hände und viel Kreativität. So weit, so gut. Was werden Sie also tun?

Selbstverständlich hoffen Sie darauf, irgendwann gerettet zu werden. Aber es ist Ihnen klar, dass dies eventuell Jahre dauern kann. Um nicht zu verhungern oder zu verdursten, müssen Sie besonnen und nachhaltig planen und handeln. Das ist Neuland für Sie, aber Sie müssen sich nun diesen Herausforderungen stellen.

> **Nachhaltigkeit** ist ein Handlungsprinzip zur Ressourcennutzung, bei dem die Bewahrung der wesentlichen Eigenschaften, der Stabilität und der natürlichen Regenerationsfähigkeit des jeweiligen Systems im Vordergrund steht. Viele Projekte oder Produkte schmücken sich mit dem Begriff Nachhaltigkeit, halten aber bei einer genauen Betrachtung den grundlegenden Anforderungen nicht stand.

Vor Ihrem Schiffbruch hatten Sie ja schon einen Garten. Wenn etwas fehlte oder gebraucht wurde, fuhren Sie einfach in den nächsten Gartenmarkt und kauften das Notwendige ein. Ob es sich nun um Erde, Samen, Pflanzen oder sonstige Gebrauchsartikel und Werkzeuge handelte, alles war einfach zu beschaffen. Wenn es zu trocken war und Ihr Rasen und die Beete nicht vertrocknen sollten, kam das Wasser zum Gießen einfach aus der Leitung. Alles Überschüssige wie Rasenschnitt, Zweige, Laub und anderes organisches Material stopften Sie in die grüne Tonne oder fuhren es auf die Deponie und zahlten eine Gebühr dafür. Ging ein Gerät kaputt, wurde es auf dem Wertstoffhof fachgerecht entsorgt und neu gekauft. Die meisten Maschinen, die Sie benutzten, brauchten zum Gebrauch Strom oder Benzin. Immer wieder tauschten Sie Materialien aus, ob es sich nun um die zersprungenen Terrassenplatten oder den verwitterten Zaun handelte.

Über gute Ernten machten Sie sich kaum Gedanken, denn die meisten Pflanzen hatten nur einen Zierwert. Ihren Einkauf erledigten Sie billig in den Discountern. Der Rasen machte am meisten Arbeit: Vertikutieren, Mähen, Düngen und Gießen. Schädlinge konnten Sie gut mit chemischen Mitteln in Schach halten.

Nachhaltig sollte und musste Ihr Garten nicht sein, denn Nachhaltigkeit war einfach nicht notwendig. Die Verschwendung von Ressourcen, egal welcher Art, war Ihnen nicht bewusst und wurde deswegen auch nicht bemerkt und folglich auch nicht verhindert.

Im Buch „Footprint – Die Welt neu vermessen" schreiben Mathis Wackernagel und Bert Beyers: „Ob groß oder klein, jeder Mensch hat einen Ökologischen Fußabdruck – einen Footprint. Wie viel Natur er braucht, hängt damit zusammen, was er isst, wie er sich kleidet, wie er wohnt, sich fortbewegt oder wie er sich seiner Abfallstoffe entledigt. All das kann man messen. Aus den Daten lässt sich die Größe der Naturfläche bestimmen, die benötigt wird, um Lebensmittel oder Fasern für Kleidung zu produzieren, um Häuser zu bauen und Menschen zu beherbergen oder Abfälle wie Kohlendioxid-Emissionen, die bei der Verbrennung von Kohle, Gas und Öl entstehen, zu absorbieren. Letzten Endes leben wir alle von den Erträgen des ‚globalen Bauernhofs'" (Wackernagel, Beyers 2016, S. 19).

Diese Rechnung kann man für jeden Bereich im eigenen Umfeld anwenden und so Erkenntnisse gewinnen. Weiter dazu aus dem Buch „Footprint": „Industrialisierte Landwirtschaft ist dabei energieintensiv in jeder nur denkbaren Hinsicht. Traktoren brauchen Diesel. Kunstdünger wird aus fossilem Gas gewonnen. Pestizide und Herbizide werden aus Öl synthetisiert. Landwirtschaftliche Güter werden in Plastik eingeschweißt, sie werden gekühlt und wieder erhitzt – größtenteils mit fossiler Energie. So verbraucht jede Kalorie Essen, die uns dann in den Supermärkten der Städte angeboten wird, durchschnittlich 7–9 Kalorien Fossilenergie für die Produktion, Verteilung und Zubereitung" (Wackernagel, Beyers 2016, S. 45).

Um sich all diese Zusammenhänge bildlich vorstellen zu können, behelfen sich die Autoren Wackernagel und Beyers eines genialen Tricks: „Die Währung des Footprint ist die Fläche, genauer gesagt die biologisch produktive Fläche, die erforderlich ist, um eine Ware oder Dienstleistung bereit zu stellen und zu entsorgen. Was beim Geld Euro, Dollar oder Yuan heißt, ist beim Footprint der Hektar oder genauer, der globale Hektar" (Wackernagel, Beyers 2016, S. 20).

Bei genauerer Betrachtung war der „ökologische Fußabdruck" berechnet in globalen Hektaren Ihres Gartens und Daseins immens

24 Theorie und Grundlagen

Wirsing, ein köstliches Wintergemüse, das von alleine frisch bleibt.

und deutlich größer als Ihr Garten selbst. Ihr Garten und Dasein konnten nur so sein, weil irgendwo auf dieser Welt all diese Dinge, die Sie gebrauchten, verbrauchten und entsorgten, irgendwann hertransportiert, hergestellt, abgebaut, zusammengesetzt und wieder entsorgt werden mussten.

Auf Ihrer einsamen und abgelegenen Insel sieht die Lage nun ganz anders aus. Alle verfügbaren Ressourcen sind begrenzt, das ist Ihnen sofort klar. Sie werden Ihren ökologischen Fußabdruck sehr gering halten oder vielleicht sogar auf 0 bringen müssen, wenn Sie an eine Rettung in der Zukunft glauben und bis dahin überleben möchten. Nichts zu tun wird Sie verhungern lassen, alles auszuräubern auch. Der „goldene Mittelweg" wird die einzige Möglichkeit zur Rettung sein. Wie also vorgehen?

Zunächst werden Sie sich auf die Gebiete der Insel konzentrieren, auf denen Nahrungspflanzen besonders üppig wachsen. Dort befindet sich guter Boden. Diese Plätze nennen Sie fortan „Ertragszonen". Um diesen Boden fruchtbar zu erhalten, sammeln Sie Laub, verrottendes Pflanzenmaterial aus den anderen Zonen oder verwenden sogar Ihre eigenen Ausscheidungen, um das Bodenleben und die Humusbildung zu fördern. Vielleicht fällen Sie sogar ein paar Bäume und Sträucher. Dort, wo das meiste organische Material für die Ertragszonen abtransportiert wird, wird es mit der Zeit lichter, sonniger und magerer. Hier wachsen überraschenderweise in der Folgezeit die meisten Blumen auf Ihrer Insel. Hier finden sich die meisten Schmetterlinge und Bienen ein. Diese Plätze nennen Sie nun „Hotspotzonen", sie sind Energielieferanten und zugleich ungemein artenreich.

Den restlichen Flächen entnehmen Sie nur manchmal Energie in Form von Brennholz oder etwas Laub. Hier im Schatten ist vielleicht ein Komposthaufen als Zwischenlager der Nährstoffe etabliert. Diese Gebiete haben vorrangig eine Schutzfunktion, vielleicht vor Wind oder Sonne oder den Wellen. Vorwiegend stehen dort Bäume und Sträucher. Sie nennen es „Pufferzonen". Um Tiere zu unterstützen, haben Sie mit den verfügbaren Materialien unterschiedliche Naturmodule (siehe Seite 83 ff.) eingefügt und aufgebaut. Diese kleinen Einheiten sind Ihre eigenen kreativen „Kunstwerke" – so nützlich wie sie sind, so schön können sie auch sein und machen Ihre Insel attraktiver, sehenswert, wertvoller und abwechslungsreicher.

Über die Jahre haben Sie die Eigenschaften aller Drei Zonen verstehen gelernt. Jederzeit wussten Sie, was zu tun ist und warum. Diese Zonen waren entscheidend auf Ihrem Weg zur Nachhaltigkeit, da sie miteinander korrelieren und sich gegenseitig in vielfältiger Weise unterstützen. Nur durch diese geschlossenen Kreisläufe konnten Sie überleben und letztendlich gerettet werden.

Nach Ihrer Rettung und Heimkehr wollen Sie all diese Prinzipien auch auf Ihren alten Garten anwenden. Nach der lehrreichen Zeit auf der einsamen Insel werden Sie auch zu Hause mit einem kleinen ökologischen Fußabdruck leben wollen. Denn woher nehmen Sie das Recht, einen Garten so zu gestalten und zu pflegen, dass der Footprint, also die dafür benötigte Naturfläche, ein Vielfaches an Quadratmetern größer ist als der Garten selbst?

Sie stehen also nach vielen Jahren wieder in Ihrem Garten. Keiner hat sich während Ihrer Abwesenheit darum gekümmert. Alles ist zugewuchert. Die gewonnene Erkenntnis trifft Sie wie ein Hammerschlag. All die Arbeit, die Sie die Jahre zuvor geleistet haben, war umsonst. Die Natur ist letztendlich stärker. Sie haben sich bemüht, über Jahre eine Momentaufnahme Ihrer eigenen gepflegten und ordentlichen Gartenvorstellung zu erhalten, messbar mit Meterstab und Zollstock. Ein perfektes Prospektfoto – aufrechterhalten mit Zeit, Arbeit und Geld. Dieses System ist einfach zusammengebrochen, nur weil Sie nicht mehr da waren und daher keine Energie investieren konnten.

Wenn Sie die Gartenfläche weiter sich selbst überlassen und gar nicht eingreifen, hat Ihr Garten einen Footprint gegen 0, da keine Ressourcen verbraucht werden. Aber Sie haben dann auch eine undurchdringliche pure Wildnis mit nur geringer Vielfalt, Schönheit und Nutzen für sich selbst und die anderen Lebewesen. Gestalten Sie hingegen einen Hortus mit den Drei Zonen, geht Ihr Footprint auch gegen 0, aber mit allen nutzbaren Vorzügen. Ihr Ressourcen-

	Pufferzone	Hotspotzone	Ertragszone
Bodenwert und Humusgehalt	Bodenqualität indifferent, hier kann guter Boden zwischengelagert werden oder guter Boden bei Bedarf entnommen werden	Magerer bis sehr magerer Boden, der durch Entnahme von organischem Material mager gehalten wird oder weiter abgemagert wird	Sehr guter bis bester Boden, der durch Kompostierung und Einsatz von Mulchwürsten (siehe Seite 47 ff.) beständig verbessert wird
Bepflanzung	Vorwiegend einheimische Sträucher und Bäume, Bodenvegetation locker und nach dem Laubschluss ab Mai einziehend	Vorwiegend einheimische Blumen in Steingärten mit Drainage und dauerhaften Blumenwiesen	Gemüsekultur und Beerensträucher, im Winter abgedeckt mit Mulchwürsten
Pflegemaßnahmen	Rückschnitt der Sträucher bei Bedarf durch auf „Stock setzen" Laub von Bäumen bleibt liegen	Regelmäßige Mahd mit Sense oder Sichel und Entfernung des Mähguts Laub von Bäumen wird entfernt	Einbringen organischen Materials durch Mulchwürste oder fertigen Kompost Laub von Bäumen wird eingearbeitet
Hauptfunktion	Schützt den Garten in der Regel nach außen gegenüber schädlichen Einflüssen, die „gemischte Hecke" stellt einen für sich sehr bedeutsamen Lebensraum dar Kann organische Materie aufnehmen und bei Bedarf abgeben (z. B. Komposthaufen)	Bietet Lebensraum für die größte Vielfalt an einheimischen Pflanzen und Insekten wie Schmetterlinge, Käfer, Heuschrecken und Bienen Liefert die Hauptmenge an organischem Material zur Einbringung in die Ertragszone	Produziert gesunde und biologisch einwandfreie Lebensmittel Nimmt beständig organische Energie zur Bodenverbesserung auf
Bevorzugte Naturmodule	Holzkeller für Käfer und Co. Wurzelskulptur/stehendes Totholz Wurmfarm/Kompost Reisighaufen/Benjeshecke Steinpyramide/Steinhaufen	Wurzelskulptur/stehendes Totholz Palettenhochhaus/Insektenhotel Sonnenfalle Sandarium Reisighaufen/Benjeshecke Steinpyramide/Steinhaufen	Naturmodule wegen der intensiven Nutzung der Fläche in der Regel nicht geplant oder vorhanden
Tiere	Lebensraum vieler Nützlinge, vor allem der Singvögel, Amphibien und Igel	Lebensraum vieler Nützlinge, schöner Insekten und Reptilien	Eventuell Kleintierhaltung wie Hühner und Hasen Auftretende Schädlinge werden durch die Nützlinge der anderen beiden Zonen kontrolliert
Besonderheiten	Gießen nicht notwendig Kein Einsatz von Chemie	Gießen nicht notwendig Kein Einsatz von Chemie	Die einzige Zone, die gegossen wird Kein Einsatz von Chemie oder Kunstdünger

verbrauch ist in vielerlei Hinsicht reduziert und das Gartensystem ist trotzdem produktiv, weil alles in einem Kreislauf zirkuliert.

Es ist egal, wie die Drei Zonen zueinander angeordnet sind, konzentrisch, mosaikartig oder parallel, alles ist möglich. Hauptsache, sie sind vorhanden. Verinnerlichen Sie die Grundmerkmale dieser Zonen. Die folgende Tabelle zeigt Ihnen die entscheidenden Merkmale und Besonderheiten. Die Pufferzone ist eher schattig, die beiden anderen Zonen sind möglichst vollsonnig.

Für eine eigene Gartenplanung ist es sehr hilfreich, sich diese Grundsätze immer genau vor Augen zu führen. Das Ziel soll sein, jede einzelne Fläche Ihres Gartens einer dieser Drei Zonen zuordnen zu können. Dann wissen Sie, was Sie zu tun haben oder was Sie unterlassen sollten.

Wenn Sie Ihre verfügbare Fläche durch vier teilen, sind 25 Prozent für Wege, Kinderschaukel, Grillplatz und anderen persönlichen Vorlieben vorgesehen, die restlichen 75 Prozent teilen Sie in etwa in gleichen Anteilen unter den Drei Zonen auf. Das ist eine gute Planungsgrundlage.

Die detaillierten Bauanleitungen und Pflanzenlisten für alle drei Zonen finden Sie im Buch „Drei-Zonen-Garten" des Autors.

Mit einer gut ausgeführten Pufferzone schützen Sie Ihren Garten auf vielfältige Weise. Wenn Sie die Pufferzone mit einer mageren Hotspotzone und einer Vielzahl von Naturmodulen kombinieren, haben Sie die ökologisch wertvollsten und reichhaltigsten Biotopstrukturen Deutschlands in Ihrem Garten realisiert. Dort finden dann alle möglichen Nützlinge Wohnraum und Lebensgrundlage. Diese freundlichen Lebewesen kümmern sich um die Schädlinge in Ihrer Ertragszone. Sie brauchen nur zuzusehen, wie alles ins Gleichgewicht kommt und stabil bleibt – ohne den Einsatz von Chemie oder zusätzlichen Dünger.

Oft wird die Frage nach der Größe eines Hortus gestellt. Je größer die Gartenfläche ist, desto besser ist es natürlich, einen fast komplett geschlossenen Energie- und Nährstoffkreislauf zu erreichen. Aber auch kleine Gärten können mit den Drei Zonen geplant werden. Wichtig ist, dass Sie das Prinzip verstanden haben, um alle ökologischen Vorteile nutzen zu können. Auf einem Balkon könnte die Flächenaufteilung in etwa so aussehen und zeigt dabei den minimalsten Hortus in drei Töpfen:

o Liegestuhl für Ihre persönliche Entspannung

o Topf 1: Johannisbeere als Pufferzone – Schönheit zum Nachbarn

o Topf 2: Steingarten als Hotspotzone – Vielfalt auf magerem Boden

o Topf 3: Gemüse als Ertragszone – Nutzen in guter Erde

Zur Anlage, Ausführung und Pflege der Drei Zonen (Blumenwiesen, Steingärten, Hecken, Naturmodule, Pflanzenempfehlungen usw.) und ökologischen vielfältigen Zusammenhängen verweise ich auf die beiden anderen von mir veröffentlichten Bücher (Infos siehe Seite 167).

Dann brauchen Sie eigentlich nur noch anzufangen – aus Dankbarkeit für Ihre Rettung von Ihrer abgelegenen Insel und als Verpflichtung für unser aller Rettung.

Finanzierung

Oft werde ich gefragt, wie ich meine beiden Gärten Hortus insectorum und Hortus felix mit zusammen knapp 10 000 Quadratmeter finanzieren könne. Nun, es ist ganz einfach: Bei „normaler" Gartenarbeit muss beständig anfallendes Material weggefahren werden, wofür auf den Deponien dann Geld gezahlt werden muss. Außerdem muss öfter neues Material eingekauft werden – Humus, Geräte, Pflanzen, Chemie usw., auch das kostet Geld. An diesen Tagen verfahren die Menschen Benzin, das ebenso kostet. Diese Leute fragen mich dann, wie ich die beiden Horti finanziere. Mit einem Augenzwinkern antworte ich:

„Ich brauche keinen Hänger, fahre nie etwas weg, fahre nie etwas her, verbrauche keine Zeit, bin ständig im Garten und mit dem ersparten Geld kaufe ich Pflanzen. Weil alles so schön und prächtig blüht, kommen die Tiere von alleine. So einfach ist das mit der Finanzierung."

Wo ist Humus notwendig?

Diese Frage ist ganz einfach zu beantworten: eigentlich nur dort, wo Gemüse angebaut wird, also in der Ertragszone. Aber welche Konsequenzen ergeben sich daraus?

Viele Gärtner machen den Fehler und schütten den kompletten Garten bei der Neuanlage mit 30 Zentimetern bestem Humus zu. Es soll ja schließlich auch alles prächtig wachsen. Gemeint sind dabei in der Regel empfindliche und anspruchsvolle Gewächse, die Ihnen in den Gartenmärkten, in Zeitschriften und auf Gartenschauen ins Auge springen. Diese gezüchteten Gewächse mit ihren übergroßen Blüten, knalligen Farben oder sonstigen modernen Eigenschaften brauchen wirklich gute Böden, um zu gedeihen. Aber auf diesen Böden gedeihen von den einheimischen 4 200 Pflanzen auch so um die 90 Pflanzen ebenso prächtig – und vor allem ohne menschliches Zutun. Diese sind Ihnen bekannt als „Unkräuter". Diese Unkräuter setzen sich auf diesem guten Boden fest. Giersch, Brennnessel, Löwenzahn und Quecke, um nur vier dieser Stickstoffzeigerpflanzen zu benennen, beschäftigen dann die Gärtner ihr gesamtes restliches Gartenleben lang. Es ist ein aussichtsloser Kampf, der da geführt wird. Nur vorübergehend und kurzfristig mit Einsatz von viel Arbeit, Chemie und einem Maschinenpark ist die Oberhand zu gewinnen. Lässt der Einsatz nach, kehren die Unkräuter über Samen oder Wurzelstücke wieder zurück und machen den gekauften Pflanzen und dem Gärtner weiter das Leben schwer. Ein stabiles Gleichgewicht ist niemals von alleine erreicht. Guter Boden ist ein Lieblingsplatz vieler Unkräuter.

Eigentlich ist der Durchhaltewille der Gärtner, die diesen Kampf jahrzehntelang führen, bewundernswert. Aber immer öfter sieht man auf Spaziergängen durch die Straßen auch die lang erwartete Kapitulation vor diesem Naturgesetz. Eine „Versteinung" oder „Verkiesung" des ehemals teuer gekauften guten Humusbodens setzt ein. Er verschwindet unter stabilem Unkrautvlies, zugedeckt mit Kies und ein paar ums Überleben kämpfenden Pflanzen. Die „tote" Gartenfestung manifestiert sich dann noch abweisender durch eine stabile Gabionenverschalung, in der Trendfarbe „unbeflecktes Weiß". Aber wenn Sie ganz genau hinschauen, können Sie durch Staub, angewehtes Laub und Pollen zwischen den Kieseln eine natürliche Bodenbildung beobachten, die dann den ersten, zunächst noch kleineren „Unkräutern" Tür und Tor öffnet. Die Natur ist stärker als der Mensch glauben möchte und erobert alle diese Flächen wieder zurück. Es ist nur eine Frage der Zeit.

Tatsächlich wachsen auch in der Hotspot- und Pufferzone ohne guten Boden eine Vielzahl von möglichen Pflanzen. Machen Sie einfach einmal einen Spaziergang in eine Sandgrube oder einen Steinbruch und betrachten dort die Pflanzenwelt. Wenn Sie guten Humus suchen, werden Sie dort wenig finden. Schöne Blumen begegnen Ihnen aber genug.

Oft wird nach dieser Erkenntnis die Frage nach den alternativen Pflanzen gestellt. Die Rechnung von 4 200 einheimischen Pflanzen minus die 90 Unkräuter, ergibt schon rein zahlenmäßig eine beträchtliche Auswahl von 4 110 Gewächsen, die keinen fetten Humusboden brauchen, um gedeihen können. Nun gut, nicht alle sind auf den ersten Blick attraktiv, aber bei genauer Betrachtung sind schon einige, sehr attraktive Pflanzen dabei, die den einheimischen Insekten und anderen Tieren Nahrung und Lebensraum bieten.

Noch ein weiterer guter Tipp für Sie: Gehen Sie einfach in einen Gartenmarkt und fragen eine(n) Verkäufer(in) nach den Zusatzprodukten des angebotenen Pflanzensortiments. Mit der freundlichen Dame bzw. dem freundlichen Herrn spazieren Sie durch das umfangreiche Angebot: Spezialerden für Rhododendron, Edelrosen und großblütige Clematis, Spezialdünger für Thuja, englischen Rasen, Petunien, Geranien, Großstauden und vieles mehr. Spezial und noch mehr Spezielles für Ihr Gartenglück. Auf der anderen Seite stehen Chemie und Maschinen, um gegen die, wie heißt es so schön, Begleitkräuter fertig zu werden. Notieren Sie sich bei der Begehung des Baumarktes alle genannten Pflanzen, für die Produkte empfohlen werden. Dann haben Sie eine wertvolle Liste von den Pflanzen, die Sie schon mal vermeiden können. Kaufen Sie sich anschließend ein Buch über die Vielfalt der einheimischen Pflanzen, die Sie beim nächsten Spaziergang in der Natur eingehender und mit mehr Aufmerksamkeit betrachten können.

Doch zurück zu unserem guten Boden, wenn Sie ein neues Haus mit Garten planen: Humus brauchen Sie nur dort, wo Sie in Zukunft Gemüse anbauen wollen, also in der Ertragszone. Durch die intensive Bearbeitung des Bodens in dieser Zone halten Sie von alleine die 90 Unkräuter in Grenzen. Das Geld für den restlichen Humus können Sie sich sparen und gleich in die einheimische Vegetation zur Gestaltung der beiden anderen Zonen investieren (Bezugsadressen zu Samen und Pflanzen ab Seite 166).

Gehen Sie ruhig einmal durch Ihren Garten und suchen Sie nach den Ecken, auf denen das sogenannte Unkraut am besten wächst. Dort ist Ihr bester Boden.

Gute Erde brauchen Sie nur dort, wo Sie auch ernten wollen.

Die **Energie** dreier Mulchwürste wandert von der Wiese in die Ertragszone.

Transfer von Nährstoffen innerhalb der Zonen

Wenn Sie nun wissen, an welchen Stellen der beste Boden ist, ergeben sich zwei Möglichkeiten für die weitere Gartenplanung:

- Sie errichten gleich dort Superbeete (siehe Seite 61 ff.) als Ertragszonen oder Hotspotzonen.

- Sie entziehen diesen Stellen organische Energie, entwickeln diese zu Hotspot- oder Pufferzonen und bringen das gewonnene Material in die Ertragszone.

Verschiedene Maßnahmen sind vorstellbar. So ist die Mulchwurst (siehe Seite 61 ff.) eine gute Möglichkeit, beständig Energie zu transferieren und so Flächen über die Jahre abzumagern. Sie ist mit etwas Übung leicht herzustellen und kann unterschiedlich und in allen Jahreszeiten eingesetzt werden. Das Gras wird dazu gesichelt oder gesenst (siehe Seite 36 ff.). Auch händisches Rupfen ist möglich. In die Mulchwurst können weitere organische Materialien eingerollt und so direkt genutzt werden.

Eine **Blumenwiese** bleibt nur reichhaltig, wenn das Mähgut abtransportiert wird.

Diesen Vorgang durch „Ernten" von Pflanzen können Sie noch durch die gezielte Nutzung von Pflanzen für einen Wildkräutersalat oder gekocht als Spinat sowie durch die Aussaat oder das Einpflanzen bestimmter Pflanzen beschleunigen. Sonnenblumen, Natternkopf und Wilde Karde wachsen auf guten Böden zu mächtigen Pflanzen heran. Wenn diese im ausgewachsenen Zustand entfernt werden, haben Sie auf einen Schlag viel Energie durch die geerntete Blattmasse abgebaut. Um Böden für Hotspotzonen magerer zu bekommen, können Sie auch überlegen, eventuell für eine Saison starkzehrende Gemüse wie Kohlsorten oder Kartoffeln zu pflanzen.

Die Komposttoilette (siehe Seite 77 ff.) schließt den Kreislauf komplett. Alle Nährstoffe bleiben ihrem System erhalten und verschwinden nicht mit 10 Litern Trinkwasser in der Kanalisation. Das, was Sie nach dem Verzehr wieder ausscheiden, ist noch immer sehr energiereich und kann dem System zurückgeführt werden.

Ebenso lässt sich guter Boden direkt an sogenannten „Humusfallen" abbauen. Dazu benötigen Sie ein Erdsieb (siehe Seite 40 ff.) und einen Spaten. Humus bildet sich überall dort auf natürliche Weise, wo sich organische Materialien anhäufen. Mit aufmerksamen Blicken werden Sie die Stellen in Ihrem Garten entdecken können. Entlang einer Benjeshecke bildet sich durch angewehtes und verrottendes Laub neuer Boden. Unter Bäumen oder Sträuchern, an Geländestufen und Senken, am Fuß von Mauern lohnt es sich, guten Boden „abzubauen". Die Zeigerpflanzen wie Brennnesseln und Giersch zeigen Ihnen immer die besten Böden an.

Eine weitere Möglichkeit ist das gezielte Ausstechen von bestimmten Pflanzen, wie etwa Löwenzahn, mithilfe eines Unkrautstechers (siehe Seite 38 ff.). Auf kleinen Blumenwiesenflächen können Sie so direkt auf die Vegetationsentwicklung Einfluss nehmen und Platz schaffen für Keimlinge, die eventuell durch den starken Löwenzahn ersticken würden.

Die Pufferzone schützt Ihren Garten nicht nur räumlich, sondern puffert auch energetisch ab. Wenn Sie zum Beispiel sehr viel organisches Material verarbeiten müssen – denken Sie etwa an das Heu einer großen Blumenwiese nach einer kompletten Mahd – und nicht alles sofort in der Ertragszone verarbeiten können, ist die Pufferzone das ideale Gebiet, diese Energie zwischen- oder endzulagern. Ein aufgeschichteter Heuhaufen zwischen den Sträuchern stört nicht und hat keine negativen Auswirkungen auf die Vegetation. Der Haufen ist sogar ein weiteres Naturmodul und kann vielleicht einer Igelfamilie Unterschlupf bieten. Wenn der Haufen mit der Zeit verrottet und guten Boden bildet, haben dort unsere 90 gefürchteten Pflanzen kaum eine Chance. Denn eine dichte Hecke ist nach dem Laubschluss ab Mitte Mai so schattig, dass dort nur sehr wenige bodennahe Pflanzen gut gedeihen und fortkommen.

Transfer von Nährstoffen innerhalb der Zonen 31

Ein Hortus ist ein System mit zirkulierenden Nährstoffen – nichts wird weggebracht oder eingeführt. Es entsteht **ein nachhaltiger Kosmos** mit Vielfalt, Schönheit und Nutzen für alle.

Sinnvolle Gartengeräte

Der Zwang zu stutzen, zu ordnen, zu dezimieren oder sogar auszulöschen, spiegelt sich in der breiten Angebotspalette der Gartenmärkte. Das Tun im Garten ist für viele kreativlos und langweilig. Lärm und Gestank, Chemie und tote Einöde sind oft das bittere Ergebnis. Pflegen Sie ruhig und gelassen!

Die eigenen Hände

In einer Umfrage auf der Facebook Gruppe „Hortus-Netzwerk – Oasen des Lebens" wurde einmal nach den Werkzeugen gefragt, die von den Hortusianern am liebsten in ihren Horti benutzt werden.

Ein weißer **Herbstkrokus** wird mit den Händen liebkost.

Selbst dachte ich an Rechen, Sense und Spaten, weil ich diese Geräte sehr oft brauche – zum Mähen und Abräumen der großzügigen Blumenwiesen und zum Pflanzen von Neuzugängen.

Es war äußerst interessant, welche Vorschläge von den anderen Mitgliedern kamen. Gerade in kleinen Gärten, auf einem Balkon etwa, kann eine zierliche Schaufel, ein Löffel und eine Gabel ausreichend für die Betreuung der aufgestellten Töpfe und Tröge sein. Je größer die zu bearbeitenden Flächen sind, desto vielfältiger und massiver stellen sich die benutzten Gerätschaften dar. Ob Wiedehopf, Schubkarre, Spitzhacke, Vorschlaghammer, Schaufel, Schere, Säge oder sonstige Dinge – die verwendeten Werkzeuge spiegeln die persönliche Ausrichtung und die momentanen Schwerpunkte in der Gartenarbeit und den Entwicklungsstand des Gartens wider. Niemand reichte ein motorisiertes Gerät ein, alle Arbeiten werden demnach ohne Krach und Abgase in stiller und meditativer Ruhe verrichtet. Das freute mich sehr.

Vollkommen überrascht war ich von dem Vorschlag eines Mitglieds; ich hielt es zunächst für einen witzigen Beitrag: die Hände. Die eigenen Hände sind so naheliegend und vielseitig nutzbar, dass ich selbst nicht auf die Idee gekommen wäre, sie als Werkzeuge zu sehen. In der Abstimmung belegten sie letztendlich mit weitem Abstand vor allen anderen tatsächlichen Geräten Platz 1.

Mit den Händen können Sie die Qualität des Bodens prüfen, mit der Fingerprobe die Notwendigkeit zu gießen bestimmen. Mit den Händen können Sie alles tastend erspüren – Oberflächen, Strukturen oder Reifegrad. Mit den Händen können Sie schützend umfangen und zärtlich liebkosen. Die Hände sind die unmittelbare Verbindung zur Erde, wenn Sie aktiv und handelnd tätig werden wollen. Das wurde mir durch die Umfrage umso eindrücklicher klar.

Die eigenen Hände 35

Einmal führte ich eine Gruppe von blinden Menschen durch den Hortus insectorum. Der Weg schlängelt sich zunächst durch die Pufferzone, öffnet dann zur lichtdurchflutenden Hotspotzone, um später die Ertragszone zu tangieren. Sehr in Sorge um das Wohl meiner Gäste bemüht, drückte ich den Besuchern während der ganzen Führung Steine, Blumen, Zweige und auch ein paar gefangene Insekten in die Hände. Sie sahen und spürten alles mit ihren Händen. Das beeindruckte mich sehr. Sie waren der Natur durch ihre Hände noch inniger verbunden als ich es mir es als Sehender mit meinen Augen vorstellen konnte.

Am besten gefallen hatte der Gruppe die Pufferzone, denn hier wird der Weg oft sehr eng begrenzt durch hereinhängende Zweige und einen flankierenden Zaun. Geschickt wurden die Hände eingesetzt, um alles zu erspüren und zu erfahren. Ohne Unsicherheit, gesichert und geführt durch die Vielzahl der Hände, bewegte sich die Gruppe durch das dichte Gestrüpp. Erst auf der offenen Blumenwiese, die uns Sehenden reiche und bunte Blütenfülle beschert, meinte ich ein kurzes Stocken bei den Gästen zu bemerken. Hier gibt es nicht direkt etwas anzufassen. Erst als einige der Besucher niedergekniet waren und die Hände Bezug zu den Pflanzen auf dem Boden hergestellt hatten, schien die Sicherheit zurückzukehren. Seit dieser Führung schließe auch ich, wenn ich alleine bin in meinem Hortus, manchmal die Augen und gehe bewusst mit den Händen auf Tuchfühlung. Umarme einen Baum oder eine Pyramide, verharre in stiller Demut, um meine Oase des Lebens in allen Facetten zu erfassen. Dann öffne ich meine Augen wieder ganz langsam.

Die Hände. Oft weisen sie schwarze, erdige Nägel auf, vielleicht ein paar Blasen und sonstige Schrammen. Eindeutige Zeichen, ja sogar Abzeichen einer innigen Auseinandersetzung mit dem eigenen Land. Die Hände. Dornen, Spreißel und Stacheln zeigen den Händen natürliche Grenzen auf. Verletzungen heilen wieder, die Haut erneuert sich beständig. Trockenheit erzeugt leicht Risse, Kälte macht sie klamm und störrisch. Wie schwierig ist es, an einem kalten Novembertag bei Schneefall die letzten Blumenzwiebeln des Jahres zu vergraben oder die ersten Rosenkohl-Köpfchen zu ernten. Wie leicht ist es, an einem ebenso kalten Frühlingstag dem ersten herausgebrochenen Krokus über die Blüte zu streichen oder die ersten Aussaaten im Gewächshaus zu machen.

Handschuhe trage ich nur selten, denn sie schaffen eine Distanz. Vielleicht zum Schutz vor Brennnesseln oder Dornen. Ich will begreifen, was ich verstanden habe.

Mit den Händen werden die Samen ausgeschüttelt und ausgelesen, mit denen Sie den Reichtum des nächsten Gartenjahres begründen. Mit den Händen zupfen und reißen Sie an Pflanzen, um ihnen Einhalt zu gebieten. Mit den Händen rollen Sie eine Mulchwurst, um die Energie in die Ertragszone zu bringen. Die Hände halten den Apfel, in den Sie herzhaft hineinbeißen.

Die Hände können viel, sehr viel sogar, aber nicht alles. Sie sind die wichtigsten Werkzeuge, die Sie in Ihrem Hortus haben. Aber dennoch will ich Ihnen ein paar weitere Werkzeuge nicht vorenthalten.

Grünes Gras verlangt nach einem anderen
Sensenblatt als ein verbuschter Heckenrand.

Sense und Sichel

Jede Hotspotzone muss irgendwann gemäht und das Mähgut muss abgeräumt werden, um eine Verrottung und Bodenneubildung vor Ort zu verhindern.

Der Zeitpunkt der Mahd richtet sich nach dem Bedarf an Material für die Mulchwurst zum Eintrag in die Ertragszone. Es geht also bei einem Schnitt in einem Hortus in erster Linie um den Energietransfer von organischem Material.

Die meisten Gärtner schneiden ihren Rasen aus anderen Zielsetzungen heraus. Sie wünschen sich einen dichten Grasbewuchs und eine ordentliche Optik. Wenn sehr häufig mit Rasenmäher geschnitten wird und das Schnittgut als Millimeterschnipsel liegen bleibt, entstehen optimale Bedingungen für das Gras. Der Boden wird durch diesen Prozess gedüngt und immer besser. Die Stickstoffzeigerpflanzen, nämlich die Gräser, setzen sich durch und gewinnen die Oberhand. Kräuter und Blumen tun sich schwer und werden oft noch zusätzlich bekämpft.

Wird der Schnitt mit Fangkorb aufgefangen, entsteht eine in der Regel feuchte und gehäckselte Grasmasse, die sich kaum eignet, irgendwo vernünftig zur Verrottung gebracht zu werden. In die Hecke oder den Komposthaufen geschüttet, droht Verschimmeln und es bleibt ein rutschiger und oft stinkender Rest. Eine Alternative in diesem Fall wäre das flächige Vortrocknen auf einer Terrasse oder der Garagenzufahrt. So lässt sich das Material leichter weiterverwenden und sogar locker in die Ertragszone einstreuen.

Der Vorgang des Motormähens, egal ob „automatischer Elektroschnurrer" oder „leistungsstarker Aufsitzer" tötet eine unglaubliche Anzahl von Lebewesen. Wissenschaftler sprechen von bis zu 95 Prozent Verlust an Tieren bei jeder Nutzung eines Rasenmähers bezogen auf die betreute Fläche. Das ist plausibel, denn der Luftsog zieht alle Tiere in die Messer und zerschlägt sie. Jedes Ei, jede kleine Larve oder Raupe, jedes Insekt wird zermalmt. Die meist wöchentliche Wiederholung des Vorgangs macht die hohen Verlustraten verständlich und ist eigentlich nicht hinnehmbar.

Der produzierte Lärm und der Verbrauch an Benzin sollten Sie zusätzlich bewegen, einmal über diese Unsitte nachzudenken.

Warum also nicht eine Blumenwiese wachsen lassen? Dann ist Schluss mit Düngen, Vertikutieren, Wässern und leblosen Flächen in Ihrem Garten.

Die Alternativen zum motorisierten Mähen sind Sense und Sichel, zwei meditative Werkzeuge, die all die negativen Begleiterscheinungen ausschließen:

- Hoher Schnitt unterstützt die Vielfalt in der Wiese, da Gras nicht mehr gefördert wird
- Mähgut als Mulchwurst sinnvoll und effektiv nutzbar ohne Schimmelbildung
- Tierverlust nur maximal 5 Prozent
- Kein Lärm und Ressourcenverbrauch, geringer ökologischer Footprint
- Meditative hohe Kunst bei gesunder körperlicher Bewegung

Warum sind diese beiden Werkzeuge so in Vergessenheit geraten? Ganz einfach: dort, wo die motorisierten Gegenmodelle verkauft werden, finden Sie nur schlechte bis sehr schlechte alternative Handgeräte, die die Bezeichnung Sense oder Sichel kaum verdienen. Jeder, der ein solches Produkt einmal gekauft hat, wird es irgendwann in die Ecke stellen und lieber zu den motorisierten Geräten greifen, weil es schlichtweg keinen Spaß macht, mit diesen schlechten Produkten zu arbeiten.

Bernhard Lehnert schreibt in „Einfach mähen mit der Sense": „Tatsächlich ergänzt eine gute Sense die Kräfte des Körpers auf spürbare und angenehme Art. Man arbeitet zusammen. Eine gute Sense ist leicht, sie lässt sich locker und bequem handhaben. Eine richtig eingestellte Sense verursacht keine Schmerzen. Kein Körperteil wird allzu sehr belastet, und es ist möglich, ohne Überanstrengung stundenlang mit ihr zu arbeiten. Weil die Sense keinen Motor hat, der das Tempo der Arbeit bestimmt, sondern geräusch- und geruchslos arbeitet, verschafft sie das Vergnügen, alles wahrzunehmen, was während der Arbeit im Umfeld vor sich geht. Denken Sie immer daran: Mit einer Handsense mähen Sie, und nicht die Sense mäht mit Ihnen, wie es mit der Motorsense der Fall ist" (Lehnert 2008, S. 4).

Achten Sie auf folgende Dinge: Ein Sensen- oder Sichelblatt muss beim Kauf messerscharf sein. Stumpfe Blätter, die aus zu hartem Metall gefertigt sind, können nicht gedengelt werden und sind niemals scharf.

Der Schaft der Sense, der Sensenbaum, muss auf die individuelle Körpergröße angepasst werden können. Beide Griffe sollen separat verstellbar sein. Wenn Sie Ihre Sense neben sich auf den Boden stellen, liegt der untere Griff etwa hüfthoch. Der obere Griff ist etwa eine Unterarmlänge mit ausgestreckten Fingern weiter oben angebracht. Der nächste Schritt ist das „Anstellen des Sensenblattes". Dabei wird der Winkel des Sensenblatts zum Sensenbaum festgelegt. Die Einstellung ist dann perfekt, wenn bei einer Kreisbewegung die Spitze des Sensenblattes den gleichen Punkt berührt wie das untere, gegenüberliegende Ende der Sense, der Sensenbart. Diese Überprüfung können Sie sehr leicht durchführen, wenn Sie die Sense vor ein Holztor oder eine Wand stellen und mit der Spitze eine Markierung ritzen und diese mit dem Ende der Sense abgleichen.

Dort, wo Sie zu einem Schwung ausholen können, ist das perfekte Einsatzgebiet der Sense, dort, wo es enger wird und Platz fehlt, wird die Sichel benutzt.

Sowohl Sense als auch Sichel müssen regelmäßig mit Schleifstein geschärft und zusätzlich gedengelt werden, um tadellos zu funktionieren. Dazu noch einmal Bernhard Lehnert: „Das Dengeln ist nicht so schwer wie allgemein angenommen wird. Etwas handwerkliches Geschick vorausgesetzt, lässt es sich unter Beachtung einiger Grundregeln leicht erlernen. Der Zeitaufwand, um ein Sensenblatt zu dengeln, beträgt je nach Güte und Härte des Metalls, Abnutzung der Scheide, Länge des Sensenblattes sowie der Geschicklichkeit und Erfahrung des Denglers etwa 10 bis 60 Minuten" (Lehnert 2008, S. 54).

Im spezialisierten Fachhandel werden Sie Ihre Sense und Sichel mit den dazu benötigten Dengelwerkzeugen und Schleifsteinen kaufen können. Nehmen Sie an einem Sensenkurs teil – Sie werden die Arbeit mit diesen genialen Werkzeugen lieben lernen.

Unkrautstecher

Die meisten Gärtner haben mit circa 90 einheimischen Pflanzen enorme Probleme: sie werden Unkraut genannt und sehr unfreundlich behandelt.

Eigentlich verdienen diese Pflanzen aber Respekt und Aufmerksamkeit, denn sie verfügen über geniale Eigenschaften. Die Fehler der Gärtner, vor allem die Liebe, der Aufbau, das Heranschaffen und die Pflege von besten humusreichen und aufgedüngten Böden auch außerhalb der Ertragszonen, fördern die enormen Wuchskräfte dieser Pflanzen im gesamten Garten. Das häufigste Mittel der Wahl zum Gegenschlag ist die Chemie. Sehr häufig kommen glyphosathaltige Pflanzenschutzmittel zum Einsatz. Interessant ist es, die Gebrauchsanleitungen genau zu lesen: „Die Anwendung glyphosathaltiger Pflanzenschutzmittel ist verboten

- auf nicht versiegelten Flächen, die mit Schlacke, Splitt, Kies und ähnlichen Materialien befestigt sind (Wege, Plätze und sonstiges Nichtkulturland), von denen die Gefahr einer unmittelbaren oder mittelbaren Abschwemmung besteht,

- unmittelbar an Flächen, die mit Beton, Bitumen, Pflaster, Platten und ähnlichen Materialien versiegelt sind (Wege, Plätze und sonstiges Nichtkulturland), von denen die Gefahr einer unmittelbaren oder mittelbaren Abschwemmung besteht."

Das sind aber genau die Plätze, an denen diese Mittel von Gärtnern hauptsächlich eingesetzt werden.

Warum gehen die meisten Menschen mit chemischen Giften so sorglos um? Es mag an der tiefen und völlig sorglosen Überzeugung liegen, dass sich Gifte mit der Zeit auflösen und wieder verschwinden. Dem ist leider nicht so. Chemische Gifte sind extrem stabil, bauen sich wenn überhaupt mit extrem langen Halbwertzeiten ab und verteilen sich stattdessen im Raum.

Wenn Wege oder Treppenanlagen gespritzt werden, klebt das Gift auch Wochen später noch zu einem Großteil an den besprühten

> **Trachtfließband** beschreibt das durchgehende und lückenlose Nahrungsangebot in Form von nutzbaren Blüten mit Nektar und Pollen vom frühen Frühjahr (Weiden, Krokus und Huflattich) bis in den späten Sommer vor allem für unsere Honigbiene. Aber auch alle anderen Nützlinge wie Hummeln, Schmetterlinge und Wildbienen sind direkt darauf angewiesen. Nach dem Verblühen der Obstbäume und der ersten Grünlandmahd gegen Mitte bis Ende Mai beginnt das große Hungern der Insekten. In einem Hortus wird dies durch eine gut gestaltete Puffer- und Hotspotzone gut kompensiert.

Oberflächen. Nach dem Überqueren haftet es an Ihren Schuhsohlen. So landet es auf Ihrem Teppich. Ihr Liebling, die Katze, freut sich, wenn Sie nach Hause kommen und rollt sich maunzend vor Ihnen. Klar hat sie ein paar Streicheleinheiten verdient. Wenn Sie sich nun die mitgebrachten Bio-Erdbeeren mit den Fingern in den Mund schieben, haben Sie das Gift schon hinuntergeschluckt. Tatsächlich ist es enorm beunruhigend, dass im Urin jedes Deutschen Glyphosat nachweisbar ist. Gleichermaßen ist es in jeder Flasche Bier enthalten, dem bayerischen Reinheitsgebot zum Trotz. Das Gift löst sich also nicht auf, sondern verteilt sich im Raum. Gift ist keine Lösung, sondern ein Bumerang, der zu Ihnen zurückkehrt.

Die Pflanzen niederzubrennen könnte eine Alternative sein, aber die organische Energie der Blätter und Stängel verglüht mit etlichen kleinen Lebewesen an Ort und Stelle. Dabei wäre doch diese Energie viel besser in der Ertragszone oder einem Komposthaufen aufgehoben. Am besten ist es, den Pflanzen mechanisch auf den Leib zu rücken. Dabei hilft ein Unkrautstecher als Handgerät. Die Spitze des Stechers sollte nicht rund sein, sondern zwei Zähne haben, so können Wurzeln in der Tiefe gut abgetrennt werden. Gewöhnen Sie sich an den Gedanken, dass eine jede Pflasterfuge ein toller Lebensraum für bestimmte Pflanzen ist. Diese Pflanzen werden solange Sie leben immer wieder in den Pflasterfugen erscheinen, weil ihnen Pflasterfugen extrem gut gefallen. Die abgestochenen Pflanzen bringen Sie als Düngung in Form von Mulchwürsten in die Gemüsebeete ein oder legen Sie auf dem zentralen Komposthaufen des Schlüssellochbeetes (siehe Seite 68 ff.) ab. In wenigen Tagen vertrocknen die Pflanzen und beginnen dann zu verrotten.

Als Großausführung gibt es den sogenannten Ampferstecher. Mit diesem Gerät können Sie große Pflanzen mit den Wurzeln auch in der Tiefe leicht entfernen.

Folgender Tipp zur Entwicklung von Blumenwiesen sei Ihnen ans Herz gelegt: Löwenzahn gerade zur Blütezeit zu stechen ist einfach. Machen Sie sich keine Sorgen wegen den Blüten, die Sie durch die Maßnahme entfernen. Es gibt genügend Löwenzahn und zur gleichen Zeit blühen die Kirsch- und dann die anderen Obstbäume. Für die Bienen und Insekten ist der Tisch in dieser Zeit reichlich gedeckt. Durch den Entzug der Blattmasse und der Wurzeln magern Sie die geplanten Hotspotzonen Jahr für Jahr besser ab und schaffen optimale Voraussetzungen für Blumen, die eher magere Böden brauchen. Die geförderten Witwen- oder Flockenblumen etwa blühen nach der Löwenzahn- und Obstbaumblüte und sind ein wichtiger Baustein im kompletten Trachtfließband.

Eine ausgestochene Löwenzahnpflanze mit ihrer dicht am Boden liegenden Blattrosette macht in der Regel Platz für Keimlinge anderer Blumen. So beeinflussen Sie durch das Ausstechen nicht nur den Energiegehalt der Fläche, sondern auch die Konkurrenzsituation der Pflanzen in der artenreicher werdenden Wiese. Giersch, Klettenlabkraut und Brennnesseln können Sie ebenso sehr gezielt entfernen und energetisch transferieren. Alle vier genannten Pflanzen sind zudem essbar und können für frische Salate verwendet werden.

Die Arbeit ersatzweise mit der Sense und Sichel wie auch mit dem Unkrautstecher dient nicht vordergründig und direkt der Eliminierung von „Unkräutern", sondern zunächst hauptsächlich dem Energietransfer. Über die damit erreichte Abmagerung werden über die Jahre aber die Bodenverhältnisse für die Blumen immer besser und die Stickstoffzeigerpflanzen gehen in ihrem Bestand zurück.

Erdsieb

Den Vorgang der Abmagerung können Sie neben der Entfernung von pflanzlichem Material durch Sicheln und Sensen auch gezielt beschleunigen.

Dafür entnehmen Sie guten Boden für die Gewinnung von Pflanzerde in der Ertragszone. Wo es sich lohnt, sehen Sie am Bewuchs der Stickstoffzeigerpflanzen wie Löwenzahn, Giersch, Klettenlabkraut und Brennnesseln und mit Kenntnis der Humusfallen.

Humus bildet sich überall dort auf natürliche Weise, wo sich organische Materialien anhäufen. Dort lässt sich guter Boden regelrecht abbauen und weiter verwenden. Die meisten Gärten haben keinen Mangel an guten Böden. Der Kauf von Erden wird bei dieser Ausgangssituation eigentlich überflüssig. Der gute Boden muss einfach nur umgeschichtet werden, von zukünftigen Hotspotzonen zu den Ertragszonen.

Der Einsatz von krümeliger und feiner Erde ist für viele Dinge zwingend notwendig. Pflanzenvermehrung, Aussaat und Umtopfen sind die Haupteinsatzgebiete von gekaufter Erde. Leider sind diese gekauften Erden oft weder ökologisch unbedenklich noch frei von Plastikteilen oder sonstigen Schadstoffen.

Der Torfabbau belastet oft Natur und Umwelt, denn:

O Ressourcen sind begrenzt, der Abbau von Torf wird nach Raubbau an heimischen Mooren einfach ins Ausland verlagert.

O Moore sind wertvolle Ökosysteme und Lebensraum extrem seltener und angepasster Tiere und Pflanzen.

- Moore brauchen zum Wachsen viele hundert bis tausende von Jahren.

- Der Abbau senkt weiträumig den Wasserspiegel.

- Der Abbau setzt Kohlenstoffdioxid frei (Klimabelastung).

Torffreie Erden werden als beliebter Ersatz durch Mischung unterschiedlichster Bestandteile in großen Erd- und Kompostierwerken erzeugt:

- Grünschnittkompost aus kommunaler Herkunft

- Tonzusatz aus gewerblichem Abbau

- Kokosfasern aus fernen Ländern

- Holzfasern und Rindenhumus aus moderner Forstwirtschaft

Auch wenn dabei schnell nachwachsende Rohstoffe, oft nur zum Teil aus heimischer Produktion, verwendet werden, ist die chemische Belastung, der Plastikanteil und somit der Footprint dabei natürlich nicht gegen Null einzuschätzen.

Deswegen ist es die wohl beste und nachhaltigste Möglichkeit, Blumenerde selbst zu machen. Ein Erdsieb und ein Spaten sind hier die Mittel der Wahl. Dazu wird bei trockener Witterung mit einem Spaten abgestochene Erde in ein Erdsieb geschaufelt und geschüttelt. Eine flache Wanne oder ein Schubkarren nehmen die Erde auf. Die Feinheit des Substrates bestimmen Sie selbst mit verschiedenen Einsätzen im Erdsieb. Die zurückbleibenden Wurzeln werfen Sie auf den zentralen Komposthaufen eines Schlüssellochbeetes (siehe Seite 68) zum Abtrocknen.

Den organischen Anteil eines Bodens erkennen Sie grob an der Farbe. Je dunkler ein Boden, desto höher ist der organische Anteil vorhanden, desto wertvoller ist die gewonnene Erde für die Ertragszone.

Etliche Dinge lassen sich aussieben: der Komposthaufen, das bodennahe Substrat von verrottenden Mulchwürsten, Laubstreu aus der Pufferzone, Asche und Holzkohle eines abendlichen gemütlichen Lagerfeuers, der Erdaushub eines Maulwurfs. All dies ist genauso nutzbar, wie ehemals sandige Terrassenbereiche oder Sandkästen. Die einzelnen Bestandteile sind leicht in beliebigen Gefäßen zwischenzulagern. Die unterschiedlichen „Substrate" können Sie dann beliebig miteinander für den gewünschten Zweck als Blumenerde oder Anzuchterde mischen.

Ein weiterer Vorteil selbsthergestellter Erde ist, dass Ihre Pflanzen später durch diese „gesunde" Erde hervorragend versorgt werden und weitaus weniger anfällig gegenüber Krankheiten und einem Schädlingsbefall sind. Häufig werden Pilze oder Schädlinge durch gekaufte Erde oder Blumentöpfen erst eingeschleppt. Bei Ihrer eigenen Erde handelt es sich ja nicht um ein industrielles Massenprodukt, sondern um ein kontrolliert miteinander vermischtes Substrat aus Ihrem chemiefreien Hortus.

Wenn Sie Wert auf wirklich perfekte und sämlingsfreie Pflanzerde legen, verschließen Sie die Erde in einem feuerfesten Behälter und erhitzen die Erde eine halbe Stunde lang bei etwa 120 Grad Celsius. Dadurch sterilisieren Sie Ihre Erde, töten aber auch alle Kleinstlebewesen, die ebenso die Qualität von Erde ausmachen, ab.

Für größere Mengen und zügigen Energietransfer rentiert sich eventuell die Anschaffung eines elektrisch betriebenen Rollsiebes. Mit diesen Geräten können Sie sehr einfach große Mengen aussieben. Die trockenen Soden, vorher mit einem Spaten noch zerkleinert, werden einfach in die Trommel eingebracht. Das ausgesiebte Material wird mit einer Wanne oder mit Eimern aufgefangen. Wurzeln, Steine und feste Erdbrocken fallen aus der anderen Seite des Gerätes. Der Traum einer Blumenwiese auf großen Flächen wird mit dieser Maschine schneller umsetzbar, denn Sie können flächenweise abgestochenen Oberboden verarbeiten und so direkt abmagern.

Kupfersauzahn

Jeder Boden einer Ertragszone muss irgendwann bearbeitet werden, um die Bodenstruktur zu lockern und für die Ansaat vorzubereiten.

Der Zeitpunkt der Bearbeitung richtet sich nach der tatsächlichen Bepflanzung des Bodens durch Gemüse. Ist ein Boden zeitweise, wie etwa im Winter, nicht bepflanzt, bleibt er grundsätzlich mit Mulchwürsten abgedeckt und so vielfältig geschützt.

Die meisten Gärtner wünschen sich einen krümeligen Boden. Sie nehmen dafür immense körperliche Anstrengungen auf sich und setzen den kompletten Boden mithilfe eines Spatens mindestens einmal im Jahr um. Rückenschmerzen sind bei einer solchen Handhabung vorprogrammiert. Das Umgraben geschieht entweder im Herbst, um die winterliche Frostgare zu nutzen, oder im Frühling vor der Bepflanzung. Dabei werden die Bodenhorizonte auf den Kopf gestellt, das tiefe Bodenleben kommt nach oben, die Oberfläche verschwindet in der Tiefe. Das ist nicht gut. Außerdem werden sehr viele Regenwürmer bei dem Vorgang geteilt und müssen sterben. Viele Monate im Jahr bleibt der Boden unbedeckt und ist sämtlichen Witterungseinflüssen ausgesetzt. Frost dringt tief in den Boden ein und Starkregen schwemmt wertvollen Humus davon.

Die Alternative für eine schonendere Bodenbearbeitung ist der Kupfersauzahn, ein vergessenes Gartengerät, das etliche Vorteile besitzt:

o Leichtes, aufrechtes Arbeiten ohne Rückenschmerzen

o Bodenhorizonte bleiben erhalten

o Regenwürmer gleiten unverletzt an dem Gerät vorbei

o Kombiniert mit der Mulchwurst entstehen lockere Böden

o Kupferionen haben sehr positive Auswirkungen auf die Bodenfruchtbarkeit

Das Arbeiten mit dem Sauzahn ist einfach: Vor einer Bearbeitung des Bodens im Frühjahr werden die im Herbst aufgebrachten Mulchwürste auf die Seite geräumt. Bei dieser Arbeit verteilen Sie Ihr Gewicht mithilfe von Holzbrettern auf eine größere Fläche und verhindern so eine Verdichtung des Bodens. Diese Bretter können Sie gleich als zukünftige Wege und Beetabgrenzungen in Ihrer Ertragszone nutzen. Der Boden darf sich nun nach dem Freilegen erst einmal ein bis zwei Wochen erwärmen.

Dann wird mit dem Sauzahn der Boden gelockert. Mit ziehenden Bewegungen und aufrechtem Körper ist das ein kraftschonender Vorgang. Die Spitze des Gerätes befindet sich unter der Bodenoberfläche. Sie ziehen dabei parallele Linien im Abstand von etwa 15 Zentimetern. Ist die gesamte Beetfläche fertig, machen Sie das Gleiche noch einmal, aber in einer abgeänderten Richtung. Es entsteht auf Ihrem Beet ein Rautenmuster. Bei Bedarf oder schweren und lehmigen Böden wiederholen Sie den Vorgang um ein paar Zentimeter versetzt und treiben die Spitze des Gerätes tiefer in den Boden. Sichtbare Wurzeln oder Pflanzenteile entfernen Sie mit der Hand. Mit einem Rechen kann die Fläche dann geebnet werden.

Etliche **Handgeräte** für den Garten gibt es auch als Kupferversion zu kaufen.

Die Bretter werden zum zukünftigen Betreten der Beete ausgelegt und die Mulchwürste, die Sie auf die Seite geräumt haben, später und nach der Bepflanzung wieder in parallelen Linien mit den von Ihnen gewünschten Abständen ausgelegt. Fertig ist das Beet für eine neue Bepflanzung.

Was macht das Material Kupfer? In einem Gutachten über die Versuche mit kupfernen Pflugscharen kommt die Landwirtschaftlich-chemische Bundesversuchsanstalt in Linz/Donau in den Jahren 1948 und 1949 zu dem Schluss: „Kupfer ist als Spurenelement für die Pflanzen unentbehrlich und muss, damit Wachstumsschäden vermieden werden, in geringen Mengen vorhanden sein. Die Wirkung des Kupfers wird in einem Eingreifen in die Oxydationen und Reduktionen in der Pflanze und im Boden gesehen; sein Einfluss dürfte bei den Pflanzen in enzymatischen Vorgängen, im Boden in den Oxydstufen des Eisens und Mangans beruhen. Als Element tritt es bei gewissen Enzymen, welche die Mono-Poliphole oxydieren, auf. Bei den Tieren ist seine Anwesenheit für die Bildung der Cytochromoxydase im Herzen, der Leber und dem Knochenmark nötig. Nach all dem ist anzunehmen, dass Kupfer für die Regelung der normalen enzymatischen Verhältnisse zwischen den Chloroplasten und Protoplasma erforderlich ist. Im Boden dürfte außerdem eine toxische Wirkung auf die Mikroben und eine Umwandlung der Bodengifte (Gliendin) in ihre unlösliche und damit unschädliche Form vorliegen. Kupfermangelerscheinungen wurden aber nicht nur auf Moorböden, sondern auch auf Mineralböden beobachtet" (Kokaly, S. 18).

Die größten Wirkungen werden offenbar dabei erzielt, wenn Spurenelemente in feinster Verteilung eingebracht werden. Die optimale Einbringung der Ionen entsteht durch den Verschleiß der Geräte beim Durchgang durch den Boden. Wissenschaftliche Untersuchungen bestätigen den Mehrertrag bei Verwendung von Kupfergeräten statt solchen aus Eisen. Ausgehend von der Feststellung, dass durch die Verwendung von Eisenpflügen die Fruchtbarkeit des Bodens nachlässt, entwickelte Viktor Schauberger gemeinsam mit dem Salzburger Diplomingenieur Franz Rosenberger besondere Bodenbearbeitungsgeräte. Die mit der Erde in Berührung kommenden Oberflächen sollten ihren Empfehlungen nach aus Kupfer oder Kupferlegierung hergestellt werden.

Daran können Sie nun glauben oder nicht, ausprobieren können Sie es auf jeden Fall. So oder so sollten Sie sich aber einen Sauzahn zulegen, ob er nun aus Kupfer ist oder nicht.

Gießkanne

Wasser ist lebensnotwendig. Jedes Lebewesen braucht Wasser und besteht zu einem Großteil daraus.

1 In Deutschland mangelt es in der Regel nicht an Regen oder an Grundwasser. Dennoch sind durch die Klimaveränderung verschiedene Regionen zunehmend von Wassermangel betroffen und werden mit diesem Mangel in Zukunft immer stärker konfrontiert.

Obwohl die Haushalte in Deutschland im Jahresdurchschnitt nur rund 3 Prozent des verbrauchten Trinkwassers für die Gartenpflege nutzen, kann beim einzelnen Gärtner viel Bewässerungsgeld vom Konto fließen. Deswegen bleibt der Aufruf Wasser zu sparen auch im Garten nicht ungehört.

Hochtechnische Hilfsmittel wie Tropfschläuche, spezielle Bewässerungscomputer gekoppelt mit Bodenfeuchtemesser und Regensensor, versenkbare Regneranlagen und ausgeklügelte Kreis- und Viereckregner senken den Verbrauch tatsächlich ein klein wenig.

Regenwasser kann zusätzlich umsonst genutzt werden. Dazu ist aber der Einbau großer Tanks, sogenannter Zisternen, in der Erde notwendig. Der Aufwand ist sehr groß, die Anschaffung und Installation ebenfalls teuer. Nachhaltigkeit sieht anders aus. Besser ist der Anschluss der Dachrinnen an oberflächliche Teiche, die sowohl als Reservoir als auch als Naturmodul genutzt werden können.

Sie sollten sich, nachdem Sie Ihren Verbrauch mit all diesen teuren Maßnahmen, Investitions- und Unterhaltkosten, die letztendlich aber nicht nachhaltig sind, ein klein wenig gesenkt haben, die entscheidende Frage stellen: Warum braucht ein durchschnittlicher Garten so viel Wasser?

Die Antwort ist einfach und ernüchternd zugleich. Die Gärten sind oft gegen die Prinzipien der Natur angelegt. Daher verbrauchen sie, um halbwegs schön bleiben zu können, sehr viel Wasser. Grüner und saftiger Rasen bleibt nur dann ansprechend im Sommer, wenn er gegossen wird. Staudenbeete verschlingen ebenso viel Wasser, weil durch die immense Blattmasse viel Wasser verdunstet, wenn es heiß ist. Die großräumige Versiegelung der Gartenflächen durch Pflasterauffahrten für ein dickes Auto und den Zweitwagen, großzügige breite Wege, auf denen kaum jemand läuft, verbunden mit der schnellen Ableitung des Niederschlagswassers in die Kanalisation verschärfen die Situation in den tiefen Bodenschichten. Durch das ständige Gießen von Sträuchern und Bäumen werden die Wurzeln immer gut mit Wasser versorgt und die Pflanzen haben keine Notwendigkeit, ein tiefes Wurzelwerk auszubilden, um sich in Notzeiten selbst zu versorgen.

Draußen in der Natur sieht das alles anders aus. Dort ist kein Gärtner zur Stelle. Die Pflanzen sind auf sich selbst gestellt. Die Pflanzen, die es nicht schaffen, verschwinden und vergehen. Die Lücken, die entstehen, bleiben aber nicht leer, sondern werden besiedelt mit anderen einheimischen Pflanzen, die mit der vorliegenden Situation besser und ohne Unterstützung umgehen können.

So sollten auch Sie in Ihrem Garten wie in der Natur eine harte Auslese zulassen und schon rechtzeitig das Schwache, das ohne Bewässerung nicht auskommt, aussortieren und nicht weiter durch beständiges Gießen fördern.

Oder wollen Sie den traurigen Tag in einem trockenen Jahrhundertsommer erleben, nach jahrelangem, kostspieligem Wässern, wenn

Wasser als Naturmodul

Jeder Teich stellt einen eigenen Kosmos dar. Dabei muss ein Teich keine 80 Zentimeter tief sein, um vielfältiges Leben zu beherbergen. Diese Tiefe ist notwendig, damit Goldfische überwintern können. Alle einheimischen Amphibien können sich an Land fortbewegen und auch dort unter Reisig oder Totholz überwintern. Eine flache Pfütze, die austrocknet, hat ganz andere Bewohner als ein gut strukturierter Teich. Die seltenen Gelbbauchunken sind auf Pfützen angewiesen und können an Teichen, die von den agilen und deutlich größeren Wasserfröschen dominiert werden, nicht überleben. Dort wo Wasser versickert, entsteht ein Sumpf mit seinen typischen Pflanzen. Nutzen Sie alles Dachwasser in Ihrem Garten für die unterschiedlichsten Gewässer.

Zuunterst Vlies, dann Folie, so werden die meisten Gartenteiche angelegt. Die schwarze Folie am Rand schaut nicht schön aus. Die Folie ist auch extrem empfindlich gegen Sonneneinstrahlung oder sonstige Beschädigung. Leicht können Sie hier Abhilfe mit geringem zusätzlichem Aufwand schaffen: Das Becken wird ausbetoniert. Verlegen Sie ein einfaches Verputzgitter aus Plastik und verteilen Sie darauf mit der Kelle 1 bis 2 Zentimeter Fertig-Estrich-Beton, angemischt aus dem 25-Kilogramm-Sack. Wenn die Betonschicht in ein paar Tagen getrocknet ist, kann Wasser eingefüllt werden. Die Teichschale ist sehr stabil, kann für eine Reinigung betreten werden und die Folie bleibt gegen alle Beschädigungen geschützt. Einzelne Risse sind normal und vollkommen unbedenklich. Das Verputzgitter hält die dünne betonierte Schicht zuverlässig zusammen.

das vom Gesetzgeber ausgesprochene Gießverbot im Garten umgesetzt werden muss? Der Garten wird vertrocknen und die meisten Pflanzen werden sterben. Besonders ärgerlich dabei ist es, dass die Schuld am Kollabieren des Gartens schon Jahre vorher bei der Anlage mit naturfernen oder fremdländischen Pflanzen und dem ewigen Wässern zu suchen ist.

In einem Hortus ist das anders. Gegossen wird nur in der Ertragszone, wo Sie Ihr Gemüse anbauen. In der Puffer- und Hotspotzone wird nur bei der Pflanzung angegossen, dann bleiben die einheimischen Pflanzen sich selbst überlassen. Sie werden überrascht sein, wie gut sich alles entwickelt und wie leicht auch Dauerregen, Kälte und sonstige gärtnerische Unwägbarkeiten verkraftet und überstanden werden. Diese Auslese gilt auch für Pflanzen mit Krankheitsanzeichen. Kein Eingreifen ist der bessere Weg als beständiges Behandeln. Was sich nicht selber halten kann, soll eher früher als später zugrunde gehen. Was sich letztendlich durchsetzen wird, sind gesunde und leistungsfähige Pflanzen, die mit den geringen verfügbaren Ressourcen optimal umgehen können.

Auch wenn Sie auf Sandboden oder in trockenen Gebieten Ihren Hortus anlegen, finden sich genügend Pflanzen, die auch mit diesen extremen Bedingungen zurechtkommen. In Deutschland gibt es nirgends eine Wüste.

Für das Gießen verwenden Sie eine einfache und banale Gießkanne, bei Bedarf mit oder ohne Brausevorsatz. Die spezielle Form der Kanne dient alleine dem Zweck, die benötigte Wassermenge in gewünschter Dosierung, möglichst zielgenau oder gleichmäßig verteilt, an die Pflanzen zu bringen. Flächiges Verteilen von Wasser hat kaum eine Wirkung. Erst ein tagelanger Landregen durchfeuchtet einen Boden auch bis in die tieferen Schichten.

Investieren Sie in eine größere Wassertonne. Dort kann aufgefangenes Regenwasser oder gepumptes Brunnenwasser erst einmal oberirdisch stehen und die Umgebungstemperatur annehmen, bevor es zu den Gemüsepflanzen kommt.

In der Ertragszone werden Sie grundsätzlich durch die Verwendung von Mulchwürsten die Menge des benötigten Wassers stark reduzieren können, da der Boden durch organisches Material bedeckt bleibt und die Verdunstung so stark herabgesetzt ist.

Die Mulchwurst

Jede Fuhre organischen Materials, die aus einem Garten entfernt wird, ist ein Verlust innerhalb des Systems. Dieses Fehlen kann nicht durch gekaufte Produkte ersetzt werden. Die Natur verwendet alles sinnvoll und gewinnbringend im Sinne eines Kreislaufs. Es entsteht guter Boden wie von Zauberhand. Schenken Sie sich die Mulchwurst!

Für alle Fälle: Warum?

Die meisten Gemüseanbauflächen in Gärten oder auf Äckern zeigen Pflanzen ordentlich in Reih und Glied auf nacktem Boden.

Daraus ergeben sich etliche Probleme, die gelöst werden müssen:

- Bei Starkregen kann es zu Abschwemmung von wertvollem Humus kommen. Auf alle Fälle kommt es bei Niederschlag zu einer Verschlämmung der oberen Bodenschicht und nach dem Abtrocknen ist der Boden dicht und muss wieder mit einem Gerät aufgerissen werden, um Luftaustausch zu ermöglichen.

- Die Einstrahlung der Sonnenenergie ist bei offenen Böden deutlich erhöht, es kommt zu einer schnelleren Erwärmung. Am Beginn der Vegetationsperiode ist dieser Effekt durchaus erwünscht. Später im Jahr steigt aber in Verbindung mit Wind die Verdunstungsrate des Bodenwassers deutlich an. Der Boden trocknet schnell und leicht aus. Es droht in wärmeren Regionen oder heißen Sommern trotz oder gerade bei künstlicher Bewässerung sogar Versalzung.

- Starker Wind kann bei abgetrockneten Böden auch zu Winderosion und so zum Verlust der fruchtbaren Bodenkrume führen. Angrenzende Flächen, wie etwa Hotspotzonen, können durch den Eintrag aus der Luft gedüngt und somit ökologisch belastet werden.

- Freie Bodenflächen werden schnell von typischen Pflanzen erobert und konkurrieren mit dem Gemüse um Nährstoffe und Wasser. Mechanische oder andere Maßnahmen sind zur Reduzierung des „Unkrauts" notwendig.

- Schädlinge, die in einem Paradies von angebauten Futterpflanzen leben, verstecken sich oft tief und unerreichbar für Nützlinge in Bodenspalten und kommen vor allem bei Nacht aus ihren Verstecken hervor. Die Nacktschnecken stellen eine sehr große Gefahr für alle kleinen Gemüsepflanzen dar.

Der einfache Prozess des Mulchens, das heißt Abdecken mit organischem Material, kann die beschriebenen Probleme verhindern und dabei noch mehr positive Auswirkungen bieten:

- Organisches Material zersetzt sich durch eine Vielzahl von Lebewesen langsam und kontinuierlich und gibt so beständig Nährstoffe an den Boden ab. Eine Überdüngung ist nicht möglich.

- Die größeren Destruenten, wie etwa Regenwürmer, lockern dabei gleichzeitig den Boden und ermöglichen Luftaustausch auch bis in tiefere Bodenschichten. Ein Umgraben ist nicht nötig.

Die Bedeckung eines Bodens in der Natur ist eigentlich der „Normalzustand". Wenn Sie barfuß über einen Waldboden über den Waldrand auf einen Acker gehen, bemerken Sie die großen Unterschiede. Unter den Bäumen läuft es sich auf dem Laub leicht und federnd, am Waldrand schmeicheln Ihren Füßen die vertrockneten Grashalme und vergilbten Blätter des Vorjahres und auf dem Acker schmerzen die Sohlen wegen den harten und vertrockneten Erdbrocken. Bei Sonnenschein erleben Sie dabei auch einen Temperaturverlauf von kühl über erwärmt zu sehr warm. Das sollte Ihnen zu denken geben.

Eine der Natur nachgeahmte Abdeckung des Bodens, das Mulchen, ist also eine gute Alternative, um natürlicher zu gärtnern. Einfach nur so organisches Material auf den Boden zu streuen, ist schon mal

> **Versalzung** Durch eine hohe Verdunstungsrate kommt es an der Bodenoberfläche zu einer ständigen Anreicherung von Salzen im Boden. Diese Salze werden bei hohen Niederschlägen natürlicherweise wieder ausgewaschen. Bei Bewässerung und verbunden mit Trockenheit aber werden die im Boden enthaltenen Salze gelöst, sie steigen dann bei hoher Lufttemperatur in den Bodenkapillaren rasch an die Oberfläche. Diese naturgesetzliche Aufwärtsbewegung und Verdunstung des Bodenwassers führt dann bei langanhaltender Trockenheit zur Anreicherung der Salze im Oberboden, zur Krustenbildung an der Oberfläche und nachfolgender Versalzung. Auf solchen Böden wachsen keine Pflanzen mehr. Die ehemals fruchtbaren Felder werden zu toter Erde.

ein guter Ansatz. Aber es geht noch besser – mit der Mulchwurst. Bei der Handhabung müssen aber, um Erfolg zu haben, ein paar Dinge berücksichtigt werden.

Durch das Abdecken des Bodens wird Auflaufen von Samen und „Unkraut"-Bewuchs unterdrückt oder erschwert. Je dicker die Mulchschicht ist, desto besser funktioniert das. Mit dem Durchmesser der selbst gedrehten Mulchwurst bestimmen Sie auch die Gesamtauflage an Mulchmaterial auf Ihrem Boden und die Wirkung dieses Effektes. Es gibt Pflanzen, welche die Fähigkeit haben, auch durch höhere Auflagen von organischem Material hindurch zu wachsen. Giersch oder Ackerwinde stoßen mit ihren grünen Trieben auch durch dickere Mulchauflagen. Sie verlagern dabei ihren Wachstumsschwerpunkt nach oben, können deswegen viel leichter mit ihren Wurzeln aus dem Boden herausgezogen werden und stellen nach ein wenig Zupfarbeit eigentlich kein ernst zu nehmendes Problem dar.

Unter den Mulchwürsten ist es nie wirklich trocken, da die Verdunstung am Boden stark herabgesetzt ist. Das ist sehr positiv. Aber Mulchwürste halten auch Regen- oder Gießwasser vom Boden ab, da das Material Feuchtigkeit, die von oben kommt, schluckt und speichert. Das ist bei starken Niederschlägen positiv, aber bei der Gießarbeit oder geringen Niederschlägen eventuell negativ, da kein Wasser den Boden erreicht.

Um Gießwasser zu sparen, werden Sie aber sowieso eher zur Punktbewässerung neigen und nur die Gemüsepflanzen, die von den Mulchwürsten umgeben sind, direkt gießen. Regelmäßige stärkere Niederschläge, wie sie in einem normalen Sommer hoffentlich vorkommen, durchfeuchten dann auch die ausgelegten Mulchwürste gründlich und bis zum Boden. Die an der Zersetzung beteiligten Tiere und Mikroorganismen arbeiten am schnellsten bei leichter Feuchte.

Die Pflanzen, geschützt und genährt durch die Mulchwurst, entwickeln sich **prächtig.**

Wenn Sie eine Mulchwurst anheben, können Sie darunter leicht den Feuchtegrad, aber auch Regenwürmer, Käfer, Asseln, Hundertfüßer und Nacktschnecken mit bloßem Auge erkennen. Nach Ablegen der Mulchwurst können dann diese Helfer ungestört ihre Arbeit fortsetzen. Räuber, wie etwa Amseln, die gerne in lockerem Mulch nach Futter suchen, können eine Mulchwurst nicht so leicht auf die Seite oder auf Ihre Gemüsepflanzen scharren und so bleiben Ihre Helferlein bei der Produktion von Humus vor Fressfeinden gut geschützt.

Mulchwürste können Sie wie Dominosteine jederzeit anheben, wieder ablegen oder auch auf benachbarte Flächen verlagern. So können Sie schnell Beete zur Erwärmung, Aussaat oder Bepflanzung freiräumen und genauso schnell wieder abdecken. Lose aufgetragener Mulch, gerade wenn er dicht geschichtet ist, lässt kaum ein einfaches Versetzen zu. Eine Verlagerung ist deutlich schwieriger, zeitraubend und auch umständlich.

Diese grundlegende Mobilität der Mulchwurst können Sie sehr effektiv für eines der größten Probleme im Gemüsebeet nutzen. Nacktschnecken lieben es dunkel und feucht, deswegen sind sie tagsüber tief in Erdspalten verborgen. Sich zu vergraben ist für diese Tiere

Die Bretter und die Mulchwürste lassen sich zur **Schneckenkontrolle** einfach anheben.

nicht schwierig. Auch engste Spalten können sie mit ihren sehr flexiblen Körpern auf der Suche nach einem sicheren Ort überwinden.

Unter der Mulchwurst herrschen ideale Bedingungen für die Nacktschnecken, sie müssen sich deswegen auch tagsüber nicht in tieferen Schichten verstecken. Beim Anheben der Mulchwürste können Sie die Schnecken leicht entdecken und absammeln. Das wiederholte Anheben und Ablegen der Mulchwürste bei dieser regelmäßig durchzuführenden Schneckenkontrolle ermöglicht Luftaustausch. Wenn Sie beim Anheben bemerken, dass sich die Mulchwürste schon zum größten Teil aufgelöst haben und zu locker geworden sind, rollen Sie einfach zwei lockere Mulchwürste zu einer neuen und festeren zusammen. Sie komprimieren also das Material und können an den so gewonnenen freien Flächen wieder ganz neue Mulchwürste auslegen. So kann beständig neues organisches Material nachgelegt werden. Der Boden bleibt durchgehend bedeckt.

Die Mulchwurst ist eine aus Gras oder Heu oder sonstigen Pflanzenmaterialien gedrehte Rolle unterschiedlicher Dicke und Länge, die Sie zum verbesserten Mulchen verwenden können. Je nach Anforderungen können Sie dicke, schlanke, kurze oder lange Würste drehen, die für die angedachten Anforderungen optimal passen. Das Einarbeiten von Rasenmäherschnitt aus dem Fangkorb ist aber nur bedingt möglich, da dieses Material in der Regel zu nass ist, faulen und schimmeln kann.

Schimmelbildung oder Fäulnisprozesse kommen eigentlich nicht vor, solange Sie keinen frischen Rasenmäherschnitt oder regennasses Material verwenden. Manchmal sind weiße Pilzfäden zu erkennen, die nicht mit Schimmel verwechselt werden sollten. Das ist ein gutes Zeichen, denn die Verrottung funktioniert wie gewollt. Es kann auch

> **Hortisol** Ein Hortisol (zusammengesetzt aus lat. *hortus*, Garten, und *solum*, Boden) ist ein seit Jahrzehnten oder sogar Jahrhunderten intensiv genutzter, dunkelgraubrauner Gartenboden. Er ist besonders humushaltig. Mit einem bis zu 50 Zentimeter mächtigen Humushorizont enthält er organische Substanz mit einem Masseanteil von mehr als 4 Prozent. Der Hortisol entsteht in Folge der regelmäßigen und beständigen Zufuhr organischer Materialien und regelmäßiger Bodenbearbeitung. Zusätzliche Wasserversorgung durch häufiges Begießen und länger andauernde Bedeckung durch organisches Mulchmaterial begünstigen nicht nur das Wachstum der Kulturpflanzen, sondern auch ein reges Bodenleben. Gut aufgebaute Hortisole sind das Gold des Gärtners und deswegen wurde der Hortisol zum Boden des Jahres 2017 erklärt. Zahlreiche Regenwurmröhren durchziehen den Boden bis in mehr als einen Meter Bodentiefe. Regenwürmer mischen humushaltiges Bodenmaterial und Streu in den tieferen Boden ein und sind so maßgeblich an der Entstehung und dem Fortbestand des Hortisols verantwortlich.

vorkommen, dass aus den Mulchwürsten Pilzkörper hervorwachsen, auch dies ist völlig unbedenklich. Wenn Sie das Gefühl haben, dass unter den Mulchwürsten der Boden zu feucht ist, legen Sie die Mulchwurst beim Ablegen einfach umgedreht wieder ab. Die Sonne trocknet dann die feuchten Stellen schnell ab und Sie entziehen so dem Boden etwas Feuchte.

Die Mulchwürste sollten nicht betreten werden, um den Boden darunter nicht zu verdichten. Zwischen Ihren Beeten laufen Sie daher am besten auf Brettern. Legen Sie vorzugsweise immer zwei schmale Bretter nebeneinander. Dann können Sie, stehend auf einem Brett, das andere Brett anheben und auch dort eine Schneckenkontrolle durchführen. Ab Ende August legen die Nacktschnecken ihre Eier ab. Diese Eier können Sie leicht erkennen und aufsammeln; sie sind durchgehend weiß gefärbt. Die Eier der nützlichen Schnegel sind dagegen klar und erscheinen fast durchsichtig.

Es wird Sie überraschen, wie viel organisches Material Sie im Laufe einer Vegetationsperiode von Frühling, Sommer und Herbst in Form von Mulchwürsten auf eine Ertragszone auflegen können. Bei feuchten und warmen Bedingungen und einem gesunden Bodenleben geht die Zersetzung sehr schnell vonstatten. Ältere Mulchwürste können Sie leicht auflösen, mit frischen Materialien kombinieren und so wieder neu rollen. Die Nährstoffabgabe an den Boden ist kontinuierlich und dauerhaft. Es kommt weder zu einer schadhaften Überdüngung noch zu einer Unterversorgung. Der Boden ist und bleibt bedeckt und so geschützt.

Unter dem Mulch verändert sich über einen längeren Zeitraum die Qualität des Bodens. Schwere Lehmböden werden lockerer und bröseliger, Sandböden entwickeln sich humusreicher. Setzen Sie auch Gründüngerpflanzen zur weiteren Lockerung des Bodens ein. Mit Phacelia als Zwischenfrucht oder auf Ruhebeeten beschleunigen Sie die Bodenentwicklung. Die Geschwindigkeit der Veränderung hängt vom Ausgangsboden ab. Geben Sie Ihrem Boden, egal welchen Sie haben, ein paar Jahre Zeit. Am Ende eines kontinuierlichen „Mulchwurstens" über Jahre oder Jahrzehnte steht der perfekte Boden Ihrer Ertragszone, der „Hortisol".

Mit den Mulchwürsten transferieren Sie neben der Energie der Pflanzenmasse auch eine Vielfalt von Samen in die Ertragszone. Das darf Sie nicht stören. Die Keimlinge laufen zwar auf, ersticken aber unter den aufgelegten Mulchwürsten und stellen so kein Problem dar. Mit der Zeit werden Sie vielleicht auch die unterschiedlichsten Keimlinge kennenlernen und dann ganz bewusst bestimmte Blumenkeimlinge in der Ertragszone neben dem Gemüse weiterwachsen lassen oder die Pflänzchen in die Hotspotzone verpflanzen.

Haben Sie nun Lust bekommen, auch mal eine Mulchwurst zu drehen?

Gut gedreht: Wie?

Um eine Mulchwurst herzustellen, brauchen Sie zunächst passendes Material.

Sehr gut geeignet sind:

- Mit Sense oder Sichel geschnittener Wiesenschnitt aus der Hotspotzone mit mindestens 15 Zentimeter Länge

- Mit der Hand gerupftes Material, vorwiegend Brennnesseln und Giersch, auch mit Wurzelanteilen aus der Pufferzone, aus Humusfallen oder entlang von Wegen

- Mit dem Unkrautstecher gestochene Löwenzahnrosetten oder anderen Pflanzen aus der Hotspotzone zur gezielten Abmagerung von sich entwickelnden Blumenwiesen

- Feinere Blatt- und Stängelbestandteile zurückgeschnittener Stauden aus der Hotspotzone

Weniger oder nicht geeignet sind:

- Schnittmaterial aus dem Fangkorb des Rasenmähers

- Laub aus der Pufferzone

- Blätter oder Putzreste von Ihrem geernteten Gemüse

- Wurzeln von Unkräutern

- Verholzte Stängel von zurückgeschnittenen Stauden aus der Hotspotzone

Der Rasenschnitt kann, wenn er flächig vorgetrocknet wird, zum Beispiel auf der Hauseinfahrt oder der Terrasse, locker auf ausgelegte Mulchwürste aufgestreut werden. In angetrocknetem Zustand besteht eigentlich keine Gefahr mehr von Schimmel oder Fäulnis. Laub lässt sich sehr gut in nicht zu dicken Schichten unter ausgelegten Mulchwürsten deponieren. Gemüsereste und Wurzeln von Unkräutern finden ihren besten Platz auf dem zentralen Komposthaufen des Schlüssellochbeetes. Dort können sie zunächst in der Sonne vertrocknen und dann später verrotten.

Verholzte oder stabilere Stängel sind oft zu hart, um einfach verdreht zu werden. Sie können in die Mitte und zur Stabilisierung einer Mulchwurst gut eingearbeitet werden, zersetzen sich aber nur sehr langsam. Wenn sich eine Mulchwurst zersetzt hat, bleiben diese Bestandteile oft noch übrig und können dann weiter zerbrochen und wieder eingearbeitet werden. Bei Verwendung von verholzten Stängeln bündeln Sie zunächst ein paar Stängel und brechen auf die passende Länge ab. Jetzt ziehen Sie loses Pflanzenmaterial zu sich heran und beginnen die Mulchwurst zu drehen.

Das Materialdepot, der Drehplatz im Vordergrund und die fertigen Mulchwürste rechts.

Um eine Mulchwurst zu drehen, schütten Sie alles verfügbare Material, das Sie gerade zur Verarbeitung zur Verfügung haben, auf einen Haufen. Dieser Haufen ist Ihr Materialdepot und kann auch gerne ein paar Tage liegen bleiben, um sich zu setzen. Alles geeignete organische Material wird hier zunächst aufgesetzt – getrocknet oder grün, aber nicht feucht oder regennass. Daneben befindet sich eine leere und ebene Fläche, wie etwa ein Rasenstück. Hier wird gedreht.

Nehmen Sie nun die entsprechende Menge Material für Ihre geplante Mulchwurst und streuen es locker auf der freien Fläche vor sich aus. Positionieren Sie sich kniend oder gebückt in etwa 30 Zentimeter vor dem ausgestreuten Material. Zur Stabilisierung können Sie festere Stängel von Stauden am Beginn des ausgestreuten Materials auflegen. Mit beiden Händen formen Sie aus dem lockeren Material nun eine Rolle, dabei bewegen sich Ihre Hände greifend nach vorne, als wollten Sie einen Teppich aufrollen.

Die Länge und Dicke der Mulchwurst können Sie leicht selbst bestimmen, indem Sie weiteres Material aus dem Haufen hinzunehmen. Wenn noch zusätzliches Material gebraucht wird, holen Sie es mit einer Hand aus dem Haufen nach und drehen weiter mit beiden Händen. Die Enden links und rechts der entstehenden Mulchwurst können Sie bei Bedarf in die Mitte umschlagen und so besser fixieren. Mit Ihrem Körpergewicht und gestreckten Armen üben Sie Druck aus. Hörbares Stängelknacken signalisiert Ihnen, dass der Kraftaufwand, den Sie aufbringen, ausreichend ist und eine stabile Mulchwurst entsteht. Die Wurst darf gerne gut komprimiert werden.

Mit etwas Übung werden Sie Mulchwürste schnell und effizient drehen können. Wenn die erste Mulchwurst fertig ist, können Sie diese endgültig an ihrem vorgesehenen Beet ablegen. Von kurzen Mulchwürsten können Sie leicht mehrere gemeinsam tragen. Lange Mulchwürste werden besser einzeln mit zwei Händen breit festgehalten und zum vorgesehenen Platz getragen. Wenn Sie eine Mulchwurst im Beet abgelegt haben, merken Sie sich die Länge und Dicke der nächsten benötigten Wurst, kehren zu Ihrem Drehplatz zurück und beginnen, die nächste Mulchwurst zu drehen. Der gesamte Arbeitsprozess ist ruhig und fließend und fast schon meditativ.

Theoretisch ergeben sich drei Möglichkeiten für das Aufbringen der Mulchwurst:

- Sie säen wie gewohnt mit den entsprechenden Pflanzabständen aus und warten ab, bis die Keimlinge in Reihen sichtbar sind. Dann legen Sie parallel zu den Pflanzreihen in den Zwischenräumen Mulchwürste ab. Ideal geeignet sind für dieses Vorgehen Radieschen, Gelbe Rüben oder Pflücksalat.

- Sie belegen das Beet vorab komplett mit Mulchwürsten und lassen Zwischenräume frei, in die Sie vorgezogene Pflanzen einsetzen. Das ist die bevorzugte Vorgehensweise für sehr groß werdende Pflanzen wie Zucchini oder Tomaten.

- Sie pflanzen vorgezogene Pflanzen in die nackte Erde mit den richtigen Pflanzabständen, wie etwa Kohlrabi oder Rote Rüben, und legen nach dem Anwachsen die Mulchwürste auf der Fläche ab.

Die Wurzelhälse der Pflanzen müssen dabei großzügig frei bleiben und Abstand zu den Mulchwürsten haben, um ein Faulen der Pflanzen bei höheren Niederschlägen wegen zu hoher Feuchtigkeit zu verhindern.

Nachschub gesichert: Woher und wohin?

Die Mulchwurst erfüllt gleichzeitig vier wichtige Aufgaben im Hortus:

- Gewährleistung des Energietransfers der aus der Hotspotzone und der Pufferzone in die Ertragszone für einen geschlossenen Nährstoffkreislauf

- Beständige Verbesserung der Bodenqualität in der Ertragszone mit dem endgültigen Ziel eines krümeligen und fruchtbaren Hortisols

- Abmagerung der vorgesehenen Hotspotzonen und somit Erhalt oder Förderung der Vielfalt an Blumen und der damit verbundenen Insekten

- Direkte Verwertung des anfallenden organischen Materials, wie Stängel oder ausgezupftes „Unkraut"

Das organische Material für eine Mulchwurst stammt also aus unterschiedlichen Quellen aus der laufenden Pflege in allen drei Zonen. Die Zusammensetzung kann nach vorliegendem Material relativ unterschiedlich sein. Das gesamte organische Material wandert aber nur in eine Richtung, in die Ertragszone.

Zu welchem Zeitpunkt Sie nun sicheln oder sensen und damit Material „ernten", hängt von der Zielsetzung ab, die durch diesen Schnitt unterstützt werden soll. Ebenso bestimmt die momentane Nachfrage an neuen Mulchwürsten in den Gemüsebeeten den Zeitpunkt oder die Intensität eines Schnitts.

Drei Zielsetzungen sind vorstellbar:

- Ordnungsschnitt

- Abmagerungsschnitt

- Saatgewinnungsschnitt

Einen Hortus zu haben heißt nicht, von der Wildnis überwuchert zu werden. Ein Hortus ist optisch gepflegt und wird beständig gepflegt. Fruchtbare Böden und blühende Hotspot- und Pufferzonen entstehen nicht durch faules Nichtstun, sondern durch die Aufrechterhaltung des Energiekreislaufes. Die Gründe für die Pflege entspringen aber nicht dem Ordnungswahn oder einem Sterilitätszwang, sondern unterstützen die Funktionalität der Zonen. Das ist Arbeit, die Sinn macht und das ökologische System Ihres Gartens beständig verbessert.

Die drei verschiedenen Gründe für den Schnitt lassen sich nicht immer klar voneinander trennen. Oft sind bei einem Schnitt als Pflegearbeit zwei oder sogar alle drei Gründe mit beinhaltet.

Hauptsächlich dem **Ordnungsschnitt** zuzurechnen sind folgende Situationen: Alle Hotspotzonen, also Steingartenanlagen und Blumenwiesen, werden einmal im Jahr ab Herbst über den Winter, spätestens aber zum 1. April des Folgejahres, bodennah abgenommen. Wenn Sie Insekteneier, Puppen oder Larven schonen wollen, verschieben Sie den Schnitt möglichst weit zum April hin. Haben Sie große Flächen zu betreuen, beginnen Sie schon im Herbst, um sich die Arbeit aufzuteilen. Bleibt Material aus dem Vorjahr zurück, wird

Mit der Sichel sorgen Sie beständig für **Materialnachschub** und greifen ordnend, abmagernd oder saatgewinnend ein.

dieses Material an Ort und Stelle verrotten und neuen guten Boden bilden. Das ist in der Hotspotzone nicht gewollt.

Pufferzonen wachsen im reiferen Alter als gemischte Hecke zusammen. Ab Mitte bis Ende Mai ist dann die Belaubung der Sträucher in der Regel so dicht gewachsen, dass kaum mehr Licht an den Boden dringt. Die bodennahe Krautvegetation wird dann verschwinden. In den Anfangsjahren, wenn die Sträucher nach der Pflanzung noch klein sind, dringt noch viel Licht an den Boden und fördert den krautigen Bewuchs. Hier können Sie jederzeit mit der Sichel einen

„Dauerhumus ist das Ziel und die Lösung!"

Ein Kurzessay vom Humusexperten Hans-Günter Felser

Das Thema Humus ist sowohl sehr spannend als auch enorm wichtig für die Zukunft der Welt. Wir müssen wieder zurückkommen zum Humus! Der optimale und ursprüngliche Garten-, Wald- und Ackerboden ist der Humusboden. Wir unterscheiden zwischen Nährhumus (z. B. im Hügelbeet) und Dauerhumus. Nährhumus, der sich relativ rasch verbraucht, wenn nicht beständig (auch im Winter!) die Abbauschicht mit den Destruenten weiter gefüttert wird, wird eben durch das fortlaufende Mulchen zu Dauerhumus. Diese lehmigen, warmen, leichten, porösen Ton-Humus-Komplexe vermögen Feuchtigkeit und Nährstoffe langfristig zu binden. „Verklebt" werden diese Tonkügelchen mittels Mykorrhiza (Symbiose-Zone zwischen Pilz und Pflanze), welches über das Protein Glomalin im Boden Kohlenstoffe und Nährstoffe anreichert. Und zwar so fest, dass selbst lang anhaltender Dauerregen diese nicht auszuschwemmen vermag. Einzig, wenn eine Pflanze diese Nährstoffe benötigt, werden sie freigegeben. Das „Abkommen" zwischen Pilzen und Pflanzen ist: Die Pilze durchweben den Boden, sammeln und bevorraten Nährstoffe, Minerale und Wasser, welche sie bei Bedarf einer Pflanze abliefern. Die Pflanze kann, im Gegensatz zum Pilz, Fotosynthese betreiben und gibt dem Pilz dann Glukose ab – eine wunderbare Symbiose, die noch durch die vielseitigen Mikroorganismen aus dem tierischen Bereich bestens ergänzt wird. Voraussetzung für diese Entwicklung ist, dass keinerlei Biozide auf den Boden gelangen. Lebendiger Boden und Lebensgifte (Biozide) schließen sich aus, das sollten auch die Landwirte und Gärtner endlich begreifen! Der entscheidende Vorteil des Dauerhumus gegenüber der toten Trägermasse auf heutigen, „konventionell" geführten Böden ist: Im Edaphon, der Lebensgemeinschaft des Humus (Bodenfauna und -flora), werden Kohlenstoffe dauerhaft eingelagert. Aus der Luft werden das „Klimagas" CO^2 sowie Stickstoff gebunden – wichtige Nährstoffe für die Pflanzen. Wer Dauerhumus etabliert, erfüllt gleichzeitig die aktuellen Klimaziele der Welt und braucht keinen kostspielig und umweltschädlich hergestellten „Kunstdünger" auszubringen. Humus ist somit der Prototyp der regenerativen Energiespeicher dieser Erde. Die Stoffe werden von den Mikroorganismen größtenteils der Luft entzogen, die Pflanzen nutzen die Sonnenenergie dazu – kostenlos und nachhaltig!

> Die „Trittrasengesellschaft" bezeichnet durch den Menschen bedingte Pflanzengesellschaften vor allem in Siedlungsnähe, die durch eine hohe mechanische Belastung gekennzeichnet sind. Die Pflanzen sind niedrigwüchsig, lichtbedürftig und konkurrenzschwach. Sie können entweder Tritt vertragen oder sind so kleinwüchsig, dass sie den Tritt vermeiden können. Dazu gehören Breitwegerich, Gänsefingerkraut, Strahlenlose Kamille, Mastkraut, Weißklee und verschiedene niedrige Gräser. Diese Pflanzen sind auch die Meister der Pflasterfugen und können bei genauem Hinsehen fast überall im städtischen Raum entdeckt werden.

Schnitt durchführen und die Pflanzen mähen, um auch den noch kleinen Sträuchern mehr Licht zu ermöglichen.

Am Rand von Pufferzonen wächst oft ein Krautsaum. Diese Übergangszone vom Gebüsch zur offenen Wiese können Sie mit wertvollen Pflanzen gestalten. Oft wachsen dort aber, gerade wenn der Boden dort noch nährstoffhaltig ist, Giersch oder andere Stickstoffzeigerpflanzen. Hier kann jederzeit ein Schnitt mit Sense oder Sichel angebracht sein.

Alle Ihre Wege verlangen ebenso nach einem regelmäßigen Ordnungsschnitt. Wenn Sie Wege aufschottern oder mit Sand stark abmagern, ist ein Schnitt eventuell nicht notwendig, denn es stellt sich bei regelmäßigem Betreten und magerem Boden die sogenannte Trittrasengesellschaft ein.

Das Abdecken von Rindenmulch ist zwar kurzfristig eine gute Möglichkeit, einen Weg zu gestalten, langfristig gesehen fördern Sie aber durch die Zufuhr von Energie verrottender Rinde den Humusgehalt des Bodens und stark wachsende Pflanzen, die sich früher oder später ansiedeln werden.

Hauptsächlich dem **Abmagerungsschnitt** zuzurechnen sind folgende Situationen: Das vorrangige Ziel gerade bei der Entstehung und Förderung von Blumenwiesen in der Anfangsphase ist ein Schnitt im späten Frühling. Die Vegetation hat Anfang bis Mitte Mai, zur Blüte-

Ein Heubock ist einfach gebaut, attraktiv und trocknet das Mähgut zuverlässig.

zeit des Löwenzahns, den höchsten Energiegehalt. Wird jetzt geschnitten, entziehen Sie die meiste Energie. Schneiden Sie später im Jahr, haben die Pflanzen schon wieder viel Energie in ihre Wurzeln zurückgezogen und für das Folgejahr gespeichert. Haben Sie noch sehr gehaltvollen Boden vorliegen, kann eventuell nach dem ersten Abmagerungsschnitt ein Folgeschnitt 6 Wochen später wiederholt angezeigt sein. Oder Sie belassen es bei dem gezielten Ausstechen des Löwenzahns mit einem Unkrautstecher und schaffen so Raum und Licht für andere schon etablierte Blumen in der Wiese. Eine Blumenwiese auf einem abgemagerten Boden ist der optimale und angestrebte Zustand all dieser Maßnahmen und kommt dann mit einem Schnitt im Herbst aus. Um dies aber zu erreichen, muss

Der Heubock

Es ist nicht schwer, sich einen Heubock selbst zu bauen. Sie brauchen 9 Holzstangen mit einem Durchmesser von circa 4 Zentimetern. Alle Stangen sind an einem Ende angespitzt, die langen an beiden Enden. 3 Stangen sind 1,80 Meter, 3 sind 0,85 Meter und die restlichen 3 sind 0,65 Meter lang. 8 circa 10 Zentimeter lange dünne Nägel und 2 Stück Draht mit 20 Zentimeter Länge werden außerdem benötigt. Ein Bohrer mit Bohrvorsatz in der Stärke der Nägel ist einsatzbereit. In jeder der langen Stangen bohren Sie an der Markierung 0,70 Meter sowie 1,05 Meter ein Loch durch die Stange. Die restlichen Stangen werden genau in der Mitte durchbohrt. Mit einem Nagel verbinden Sie mithilfe der vorgebohrten Löcher eine längste Stange an der 0,70 Meter Markierung mit der zweitlängsten Stange. An der 1,05-Meter-Markierung wird die kurze Stange mit einem Nagel verbunden. Die Spitzen der Nägel schlagen sie einfach mit einem Hammer um. Wenn Sie fertig sind, haben Sie 3 lange Stangen, an denen jeweils 2 kürzere Stangen befestigt sind, die sich bewegen lassen.

Jetzt müssen nur noch diese 3 Stangen miteinander verbunden werden. Die 6 stumpfen Enden der kurzen Stangen werden wieder durchbohrt. Hier wird jeweils ein Draht durchgeführt, die Drahtenden miteinander verdreht und umgebogen. Jetzt fehlen nur noch die 2 Nägel, die die Spitze des Heubocks miteinander verbinden. Dazu muss passend in 2 Stangen ein Loch gebohrt werden. Auch hier wird einfach mit den Nägeln verbunden und der Überstand umgeschlagen. Fertig ist der Heubock und bereit für den Einsatz.

---

entweder der Oberboden vor der Anlage der Blumenwiese entfernt oder über viele Jahre ein regelmäßiger Abmagerungsschnitt zeitig im Jahr durchgeführt werden.

An Humusfallen oder dort, wo Giersch und Brennnesseln wachsen, können Sie öfter im Jahr schneiden. Die beiden genannten Pflanzen schieben schnell Blattmasse nach und sind wieder erntebereit. Reine Giersch- und oder Brennnessel-Mulchwürste sind hervorragend geeignet für den Einsatz in Gewächshäusern. Die Blätter vertrocknen in dem warmen Klima im Glashaus schnell und lassen sich nach ein paar Wochen, wenn sie nicht regelmäßig angegossen worden sind, mit den Händen regelrecht zerbröseln.

Hauptsächlich dem **Saatgewinnungsschnitt** zuzurechnen sind folgende Situationen: Um die Vielfalt in einer sich entwickelnden Wiese bei schon abgemagerten Böden zu fördern, werden Sie den Schnitt möglichst nach der Samenreife ansetzen. Bei diesem Schnitt sind viele Stängel schon verholzt und das Sensen oder Sicheln geht schwerer von der Hand. Meist ist dieser Schnitt für die Samengewinnung erst ab Ende August möglich. Bestimmte Blumen kommen erst ab September in die Samenreife. Wenn die Samen auf die Wiese fallen sollen, müssen Sie das in der Sonne trocknende Heu die folgenden Tage häufig wenden.

Um die Samen gesondert zu gewinnen, kann der Einsatz eines Heubocks sehr sinnvoll sein. Sie breiten eine Folie aus und stellen darauf das hölzerne Gestell. Das gesenste Material wird auf dem Bock aufgeschichtet und in der Sonne weiter zu Heu getrocknet. Dabei fallen schon die ersten Samen aus. Nach ein paar Tagen nehmen Sie die Heubuschen und dreschen durch Schlagen auf die Folie die restlichen Samen aus. Diese gewonnenen Samen können Sie dann sehr gezielt an geeignete Plätze aussäen.

Ein Heubock leistet auch in verregneten Sommern gute Hilfe. Lassen Sie gesenstes Material nie länger als ein paar Tage auf einer Wiesenfläche liegen, denn durch den Regen werden schon wieder viele organische Bestandteile ausgewaschen und dem Boden rückgeführt. Das ist in der Hotspotzone nicht gewollt.

Einzelpflanzen aus den Steingartenbereichen können hingegen schon früher im Jahr in der Samenreife stehen. Diese Pflanzen lassen sich gezielt zur richtigen Zeit ernten und trocknen. Das ausgedroschene Material wird dann mit frischem Material zu neuen Mulchwürsten verarbeitet.

Dem Zeitpunkt eines Schnitts – natürlich dürfen Sie auch an schwer zugänglichen Stellen oder in kleinen Dimensionen händisch rupfen – liegt also entweder ordnende oder abmagernde oder saatgewinnende oder eine Kombination dieser drei Möglichkeiten zugrunde.

Unterschätzen Sie dabei nicht die Menge an Material, die Sie mit der Mulchwurst und der ablaufenden Verrottung in der Ertragszone letztendlich unterbringen können. Es kann durchaus passieren, dass Sie geeignetes Material in der Nachbarschaft ordern müssen.

Immer und jederzeit: Wann?

Folgende Tabelle zeigt einen einfachen Arbeitskalender für die Mulchwurst im Jahresverlauf.

1 Im Herbst, wenn Sie den meisten Nachschub an Material durch die Mahd der Blumenwiese und Steingärten haben, benötigen Sie das meiste Material für die winterliche komplette Abdeckung.

Bis zum Frühling hat sich viel aufgelegtes Material zersetzt und steht dem Boden schon zu Beginn der Vegetationsperiode als Nährstoffe zur Verfügung. Die teilweise zerfallenen Mulchwürste lassen sich leicht mit einem Rechen oder der Hand auf die Seite räumen, damit sich die Böden erwärmen können. Achten Sie schon bei diesen frühen Tätigkeiten ab Mitte März auf kleine Nacktschnecken und entfernen Sie diese. Sie können dann die alten Reste in Kombination mit neuem Material für das Drehen von frischen Mulchwürsten benutzen. Eine andere Möglichkeit ist das „Aufbocken". Dazu stecken Sie einfach ein paar Stecken im Kreis in den Boden und füllen dort die alten Mulchwürste zu einem turmähnlichen Gebilde ein. Dazu ist besonders die Spitze eines Vulkanbeetes geeignet (siehe auch Seite 64 ff.). Oder Sie füllen mit den alten Resten den zentralen Komposthaufen eines Schlüssellochbeetes auf (siehe auch Seite 68 ff.). Wenn Sie dann im späten Frühling anfangen, Ihre Beete zu bestellen, können Sie altes Mulchwurstmaterial und die neue „Ernte" gemeinsam verarbeiten und nach und nach die Beete wieder damit bedecken.

Im Frühling muss das alte Material auf die Seite gebracht werden, denn jede dicke Mulchschicht hat eine ausgleichende Wirkung auf den Temperaturverlauf des Bodens darunter. Das bedeutet, dass Temperaturänderungen verzögert und damit im Mittelwert abgeschwächt an den Boden übertragen werden.

Das gilt natürlich für Hitze genauso wie für Kälte. Der Schutz gegen Sonne und Austrocknung verzögert den Temperaturanstieg und hält im Sommer den Boden länger kühl. Der gegenteilige Effekt besteht genauso; ein abgedeckter Boden erwärmt sich im Frühling nur langsam. Deswegen werden zu Beginn der Vegetationsperiode die zu bestellenden Böden aufgedeckt. Jetzt können sie sich erwärmen, was für die Aussaat unbedingt notwendig ist.

In der winterlichen Abdeckung hingegen schützt die Mulchwurst vor Frösten. Kurze Nachtfröste beeinflussen den Boden darunter kaum. Lang anhaltender Bodenfrost dringt bei Weitem nicht so tief ein. Die

Die alten Mulchwürste verrotten am **Vulkanbeet** oben weiter, von unten werden die frischen Mulchwürste abgelegt und bedecken wieder den Boden.

bodenaktiven Lebewesen können so viel länger für uns an der Zersetzung des organischen Materials arbeiten und ziehen sich auch nicht in so tiefe Erdschichten zurück. Im Frühjahr beginnen diese Helfer dann schon zeitiger mit ihrer Arbeit.

Durch die Einarbeitung von neuem noch frischem Material liegt auch passendes Futter für Nacktschnecken vor. Diese werden Ihre Jungpflanzen deswegen eher in Ruhe lassen. Die Schnecken halten sich gerne unter den Mulchwürsten auf dem feuchten Boden auf. Durch die regelmäßige Schneckenkontrolle eliminieren Sie das Schneckenproblem auf elegante Weise. Durch den Abmagerungs- und Ordnungsschnitt generieren Sie beständig Material. Im Sommer geht die Verrottung bei warmer und feuchter Witterung relativ schnell vor sich, die entstehenden Nährstoffe düngen Ihre heranwachsenden Pflanzen und Sie können mit gesunden Ernten rechnen.

Sie sehen, die Mulchwurst ist komplett in den Energiekreislauf Ihres Hortus eingepasst, erfüllt eine Vielzahl von Funktionen und erleichtert die Arbeitsabläufe in der Ertragszone.

Ertragszone	Frühling	Sommer	Herbst	Winter
Bedeckungsgrad mit Mulchwürsten	Nicht verwitterte Mulchwürste und Reste werden auf die Seite geräumt, 20 % bis 40 % bedeckt	Nach Bepflanzung ergänzt 50 % bis 80 % bedeckt	Nach Bepflanzung ergänzt, 50 % bis 80 % bedeckt	Komplett abgedeckt 100 % bedeckt
Materialnachschub	Viel Abmagerungsschnitt, wenig Ordnungsschnitt	Viel Ordnungsschnitt, wenig Abmagerungsschnitt	Viel Saatgewinnungsschnitt aus der letzten Mahd	Kein neues Material
Tätigkeiten	Erwärmung des Bodens durch Freilegen ermöglichen Ränder der Beete auslegen und verwittertes Material mit neuem Material ergänzen	Neue Mulchwürste auslegen und verwitterte zusammen legen	Neue Mulchwürste auslegen und verwitterte zusammen legen	Boden unter den ausgelegten Mulchwürsten ruhen lassen
Schneckenkontrolle	Beim Abräumen und Aufbocken der alten Mulchwürste auf die ersten kleinen Schnecken achten	Regelmäßige Kontrolle nach Schnecken	Regelmäßige Kontrolle nach Schnecken und gründliche Kontrolle nach Eiern	Keine Kontrolle

Super beete für Ertrag oder Hotspot

Einfachste permakulturelle Elemente verändern kleinräumig Ursache und Wirkung und großräumig Ihren Garten. Ob nach oben oder unten, mit magerem Boden oder guter Erde, mit oder ohne Steine – die Ergebnisse sind nicht zu kaufen, sondern sind Spiegelbild Ihrer eigenen Schaffenskraft. Gestalten Sie kreativ und individuell!

Vielfalt durch Superbeete

Eine ebene Fläche ist ziemlich langweilig, auch in einem Hortus. Deswegen ist die Gestaltung eines Reliefs im Garten optisch, aber auch ökologisch immer ein Zugewinn.

Ein Hügel oder eine Senke verändern auf kleinstem Raum die Sonneneinstrahlung, die Feuchtigkeits- oder die Windverhältnisse und den Temperaturverlauf. Dies gilt schon im Kleinen für einen Maulwurfshaufen, aber vor allem im Großen für alle Beete, die dreidimensional nach oben oder, wie das Kraterbeet, nach unten angelegt sind. Zwei wesentliche Dinge ergeben sich automatisch aus der Dreidimensionalität:

- Flächengewinn

- Funktionsgewinn

Stellen Sie sich vor, Sie malen auf einem Pflasterboden ein Rechteck mit 1 Meter Kantenlänge mit blauer Farbe aus. Sie verbrauchen dabei eine bestimmte Menge dieser blauen Farbe. Jetzt stellen Sie eine Kartonkiste mit 1 Meter Kantenlänge auf diese bemalte Fläche und malen die Kiste mit roter Farbe an. Von der roten Farbe werden Sie genau 5-mal so viel verbrauchen wie von der blauen Farbe.

Jetzt haben Sie das Prinzip des Flächengewinns verstanden. Im Gegensatz zu einer ebenen Fläche hat jedes dreidimensionale Objekt automatisch mehr Oberfläche. Sie können also auf einem dreidimensionalen Beet mehr Pflanzen unterbringen als auf einer gleich großen ebenen Fläche.

Stellen Sie nun die rote Kiste auf die Seite und bepflanzen Sie die blaue Fläche. Danach setzen Sie Pflanzen um die rote Kiste. Ein paar Pflanzen finden Platz vor der Kiste, hier scheinen die Sonnenstrahlen am stärksten. Dieser Platz wird sehr warm werden. Die

Pflanzen hingegen, die Sie auf der Rückseite gepflanzt haben, stehen im Schatten der Kiste. Dort bleibt es kühler. Die Pflanzen auf der blauen Fläche bekommen alle die gleiche Menge an Sonne ab und stehen alle im gleichen Wind. Bei Ihrer Kiste gibt es zusätzlich eine Luv- und eine Lee-Seite, was sich dann auch wieder auf die Niederschlagsmenge auswirkt.

Jetzt haben Sie das Prinzip des Funktionsgewinns verstanden. Durch die unterschiedlichen Verhältnisse in einem dreidimensionalen Beet ergeben sich unterschiedliche Standorte. So können Sie eine breitere Auswahl, das heißt mehr Vielfalt, pflanzen.

Ob Sie nun ein Superbeet lieber als Hotspotzone oder als Ertragszone bauen, spielt eigentlich keine Rolle. Die unterschiedliche Verwendung der humosen oder mageren Substrate und die letztendliche Bepflanzung machen den großen optischen Unterschied in den beiden Ausführungen aus, obwohl die Prinzipien, die verbauten Materialien und die Vorgehensweise bei den verschiedenen Beet-Typen grundsätzlich gleicher Art sind. Die Superbeete

- als Ertragszone sind mit guten humosen Böden aufgebaut und kommen mit einer geringen oder keiner Drainage aus, da hier Gemüsepflanzen wachsen sollen (eventuell können Sie Drahtgitter einbringen, um Mäusen den Zugang von unten zu erschweren).

- als Hotspotzone sind mit humusfreien Substraten (wie Sand oder Kalkschotter) oder mageren Böden aufgebaut und brauchen unbedingt eine gut ausgeführte Drainage aus Schutt, da hier magerkeitsliebende Pflanzen wachsen sollen.

Die Superbeete können Sie als individuelle Objekte gestalten. Sie können aber auch bei Verwendung gleicher Materialien für unterschiedliche Beete den Gartenraum einheitlich gestalten und somit optisch aufwerten. Die Superbeete stehen, egal in welcher Zone, möglichst in voller Sonne. Beschattung schränkt die Auswahl der möglichen Pflanzen in beiden Ausführungen schnell ein.

Vulkanbeet

Im Frühjahr sind die Mulchwürste vom Vorjahr noch zu erkennen; dieses Material wird komplett in den zentralen Komposthaufen verlagert und verrottet dort weiter.

Das vielleicht einfachste dreidimensionale Beet ist das Vulkanbeet. Es ist ein Hügel in runder Form aus organischem Material.

Der Hügel kann mit einer baulichen Einfassung aus Holzstämmen oder Steinen umgeben sein. Die Aufschichtung des Materials kann hoch oder flach sein. Je höher der Hügel ist, desto eher wirkt er zum Schluss wie ein Vulkan.

Die Dimension eines Vulkanbeets wird begrenzt durch das Vorhandensein der Materialmenge, das zum Aufbau verwendet werden kann. Ein großes Vulkanbeet schluckt schnell einige Kubikmeter an Material, das sollten Sie nicht unterschätzen. Wenn das Beet so groß ist, dass Sie es zur Bearbeitung und Bepflanzung betreten müssen, ist ebenfalls eine Obergrenze erreicht. Optimaler Durchmesser ist 2 bis 4 Meter.

Eventuell schachten Sie die vorgesehene Fläche 20 Zentimeter aus und legen die Grassoden auf die Seite. Die Aufschichtung des Materials beginnt unten mit groben Teilen, wie etwa Zweigen oder Holzstücken. Dabei entstehen in der Regel Hohlräume, die bevorzugte Rückzugsorte der Nacktschnecken sein können. Das kann später zu einem Problem werden. Deswegen ist es besser, so zu arbeiten, dass keine Hohlräume entstehen. Häckseln Sie dazu Zweigmaterial und füllen die Löcher mit gehäckseltem Material auf, sodass keine Zwischenräume bleiben. Oder lassen Sie Sand oder Erde einrieseln, um die Löcher zu schließen. Dann legen Sie einfach weiteres Material auf. Gras, Heu, kleine Zweige, Staudenschnitt oder Laub sind gut geeignet, aber auch der Faulschlamm von einem Gartenteich bietet sich an, um viel organische Energie in das Beet zu bringen. Die einzelnen Materialien wechseln Sie ab. Wenn die passende Endhöhe erreicht ist, füllen Sie den ganzen Hügel mit 15 bis 20 Zentimeter Erde auf. Die Erde sieben Sie entweder in abzumagernden Flächen aus oder Sie nehmen die schon zu Beginn ausgeschachteten Grassoden und legen Sie umgedreht wieder auf. Das Vulkanbeet ist fertig zum Bepflanzen.

Das Beet wird mit der Zeit natürlich in sich zusammensacken und abflachen. Dies ist Folge der ablaufenden Rotte im Beetinneren; es entsteht dabei Wärme, die Ihren Pflanzen zugutekommt. Sie können bei Bedarf immer Material nachfüllen, das Beet wächst dann über einen längeren Zeitraum langsam in die Höhe. Die Flanken werden von unten nach oben mit Mulchwürsten abgedeckt. Um hier zu stabilisieren, können Sie einfach kleine Zweige senkrecht in das Erdreich stecken. Dies verhindert ein Abrollen der Mulchwürste bei der geneigten Fläche. Die Bepflanzung erfolgt dann mit vorgezogenen Pflanzen (wie etwa Kürbis oder Zucchini) in freizulassenden Lücken. Oder Sie pflanzen zuerst (etwa Tomaten oder Paprika) und decken dann von unten nach oben mit Mulchwürsten ab. Erosionserscheinungen bei Starkregen sind durch die Abdeckung auch bei steilen Vulkanbeeten nicht vorhanden.

Die fast verrotteten Mulchwürste räumen Sie im Frühling zur Erwärmung des Bodens in die Mitte des Beetes auf die höchste Stelle. Mit Hilfe von senkrecht eingerammten Stangen können Sie hier einen Art Komposthaufen abstecken und das Material darin gut „aufbocken". Dieser zentrale Haufen verrottet dann über das Jahr weiter und nährt von oben her das Vulkanbeet. Das Beet sieht dann (mit ein wenig Fantasie) aus wie ein kleiner, eruptiver Vulkan.

Das Vulkanbeet ist vom Prinzip her ähnlich wie ein Hochbeet. Dennoch gibt es zwei grundsätzliche Unterschiede: Zum einen gibt es keine aufwendige bauliche Einfassung mit Brettern oder sonstigen Materialien; hier sparen Sie Geld und Arbeitseinsatz. Zum anderen wird ein Hochbeet erst durch die spezielle Schichtung ein wahres Hochleistungsbeet; der Verrottungsprozess mit Wärmebildung und Energieproduktion erreicht bei dieser Beetform ein Maximum. Um diese positiven Effekte auch tatsächlich nutzen zu können, müssen Hochbeete aber nach ein paar Jahren komplett entleert und wieder aufwendig von unten neu geschichtet werden. Meistens unterbleibt diese komplette Neuschichtung und die positiven Effekte des Hochbeetes mit der beschleunigten Rotte relativieren sich. Zu den Prozessen in einem Vulkanbeet gibt es dann eigentlich keinen Unterschied mehr, da die meisten Hochbeete in der Regel auch nur mit Material nachgefüllt werden. Der einzige Unterschied ist die unterschiedlich teure Einfassung und die Form.

Von einem Hügelbeet unterscheidet sich das Vulkanbeet durch seine Form und Ausrichtung. Hügelbeete sind langgezogen. Sie müssen sich entscheiden, in welche Himmelsrichtung das Beet ausgerichtet sein soll. Nord-Süd bedingt gleichmäßige Sonnenbestrahlung an den Flanken, Ost-West ermöglicht eine Schatten- und eine Sonnenseite.

In der Hotspotzone ist der Aufbau eines Vulkanbeetes von unten her anders. Hier beginnen Sie mit einem Drainagekern aus zerbrochenen Ziegeln oder Bauschutt. Die Drainage kann bis zu 80 Prozent des Gesamtvolumens ausmachen. Je mehr Drainagematerial Sie verwenden, desto trockener wird das Vulkanbeet bleiben. Dies wirkt sich sehr positiv für viele Magerpflanzen aus. Als Substrat füllen Sie dann Kalkschotter mit Nullanteil (wie etwa 0/60 oder 0/32) oder Sand auf. Hier werden Ihre Pflanzen eingesetzt.

Wird mit Sand gearbeitet und abgedeckt, geht die gesamte Konstruktion in Richtung Sandarium (siehe auch Seite 84). Bei Verwendung von Schotter entstehen letztendlich Steingärten. Um auch optisch einem Vulkan bei der Hotspotvariante gleichzukommen, setzen Sie einfach in der Mitte statt dem Komposthaufen eine Steinpyramide auf.

Ob **Drahtgitter** oder Stangen das Material zusammenhalten spielt keine Rolle, Hauptsache es bleibt oben.

Mondsichelbeet

Wollen Sie an einer Hanglage gestalterisch kreativ werden, bietet sich das Mondsichelbeet an.

Ziegel halbrund am Hang geschichtet sind durchaus attraktiv und Upcycling pur.

Ziel ist es, eine Terrassierung vorzunehmen, um eine ebene Pflanzfläche zu erreichen. Am Hang ist deshalb zunächst ein sichelförmiger Vorbau aus stabilen Materialien zu erstellen, der den Abschluss des Beetes auf der tieferen Seite des Hanges markiert. Welche Materialien Sie dafür benutzen, bleibt Ihnen überlassen. Steine oder Ziegel sind am besten dafür geeignet.

Wenn Sie nun eine Mauer setzen wollen, ist es sinnvoll, mit dem Spaten Erdreich dort abzunehmen, wo die erste Reihe der aufgelegten Steine oder Ziegel zu liegen kommt. Besonders beachten müssen Sie dabei, dass die Steine leicht gegen den Hang geneigt sind. Mit einer Wasserwaage können Sie einfach nachmessen und bestimmen, wie viel Erde abgenommen werden muss, um die ersten Steine perfekt zu setzen. Dann schichten Sie weitere Steine oder Ziegel als zukünftige Begrenzung des Beetes auf. Vorne ist die Mauer am höchsten, zu den Rändern hin wird sie immer niedriger. Von oben ist der Verlauf der entstehenden Begrenzung mondsichelförmig, daher auch der Name des Beetes. Beim Setzen achten Sie darauf, dass die Steine oder Ziegel immer ein wenig versetzt liegen. So wird Stabilität erreicht. Niemals soll Fuge auf Fuge zusammentreffen. Zum Schluss steht eine kleine gebogene Mauer am Hang. Der oberste Abschluss der Mauer hat bei Fertigstellung eine horizontale Ausrichtung.

Die Form muss nicht zwingend halbmondförmig sein, nach diesem Prinzip lassen sich auch viereckige oder abgeänderte Beetformen ausführen. Wichtig ist nur der stabile Stand der Mauer, leicht geneigt gegen den Hang.

Der Raum dahinter wird nun je nach Zielsetzung und entsprechender Ausführung mit unterschiedlichem Material aufgefüllt. Für ein Ertragszonenbeet füllen Sie mit organischem Material und guter Erde auf. Für ein Hotspotbeet wird zunächst ein Drainagekern angelegt, also mit Ziegelschutt aufgefüllt. Dann folgt Schotter oder Sand. Die dann ebene Fläche wird mit den entsprechenden Pflanzen der angestrebten Zone bepflanzt.

Die vorliegende Mauer kann natürlich auch selbst in den Fugen bepflanzt werden. Dies ist gerade in der Hotspotzone erwünscht und sinnvoll. Dazu ist es am einfachsten, die Pflanzen gleich beim Aufbau der Mauer zu setzen. Nachträgliche Bepflanzung von Mauerritzen ist möglich, aber deutlich schwieriger vorzunehmen, da die gesetzten Steine oft etwas angehoben werden müssen, um die Wurzelballen der Pflanzen einzubringen.

Je steiler das Gelände ist, desto mehr Erfahrung müssen Sie beim Setzen und Aufschichten der vorliegenden Mauer haben. Deswegen bauen Sie das erste Mondsichelbeet besser nicht an der steilsten Stelle in Ihrem Garten. Mit ein wenig Übung werden Sie aber auch an steilen Hängen stabile Beetkonstruktionen errichten können.

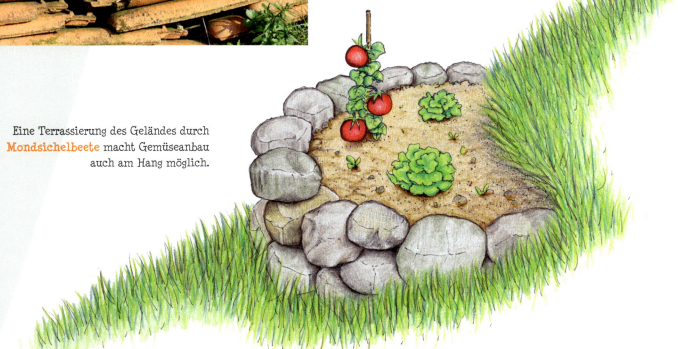

Eine Terrassierung des Geländes durch **Mondsichelbeete** macht Gemüseanbau auch am Hang möglich.

Schlüssellochbeet

Das nun beschriebene Beet können Sie statt mit einem zentralen Komposthaufen als Ertragsvariante auch mit einer Steinpyramide als Hotspotausführung errichten.

In der Hotspotzone bleibt dann aber nur die äußere Form erhalten. Ob Sie das fehlende „Tortenstück" belassen oder gleich eine geschlossene runde Mauer ausführen, bleibt Ihrer Kreativität überlassen. Die Füllung ist dann hauptsächlich Drainage und eine geringe magere Substratbedeckung. Die eigentliche Funktionalität eines Schlüssellochbeetes ergibt sich, genau wie beim Vulkanbeet, durch die Integration eines zentralen Komposthaufens.

Damit beginnen Sie auch. Auf einer möglichst ebenen Fläche errichten Sie einen Komposthaufen. Aus welchem Material die Begrenzung des Kompostbereiches besteht, ist nicht entscheidend. Holz, geflochtene Weidenruten, ein Metallgitter oder eingeschlagene Pfosten stellen eine gute Einfassung für dieses wichtige Element dar. Das dazu verwendete Material sollte nicht dicht, sondern durchlässig sein, um einen Austausch von organischem Material nach außen zu ermöglichen.

Um den Haufen wird nun eine Ringmauer aus Steinen oder Ziegeln im Abstand zum Komposthaufen von maximal einer Armlänge errichtet. Der Mauerring wird aber nicht komplett geschlossen, son-

Bei einem sehr kleinen **Schlüssellochbeet** kann der zentrale Komposthaufen einfach von oben befüllt werden.

dern bleibt an einer Stelle ausgespart und dort auf den Komposthaufen ausgerichtet. Wenn Sie sich das Ganze als Torte vorstellen, fehlt optisch ein Tortenstück. Hier können Sie bequem auf den Komposthaufen zugehen, um organisches Material in der Mitte nachzufüllen, so, wie Sie es von einem normalen Kompostbehälter auch gewöhnt sind. Die entstehende Mauer bauen Sie circa. 50 bis 80 Zentimeter hoch. Den Zwischenraum zwischen der Stein- oder Ziegelmauer und dem Komposthaufen füllen Sie wie bei den vorhergehenden Beeten mit einer organischen Schichtung von unten nach oben auf. Der Komposthaufen in der Mitte ragt dann etwa 40 bis 60 Zentimeter aus dem umliegenden Hochbeet heraus.

Der Umfang eines Schlüssellochbeetes wird begrenzt durch zwei Eigenheiten: Erstens soll es möglich sein, außen an dem Mauerring stehend alle Pflanzflächen im entstandenen hohen Beet leicht mit den Händen zur späteren Bearbeitung zu erreichen. Zweitens nimmt der mögliche Transfer der Nährstoffe mit der Entfernung vom Komposthaufen nach außen hin ab. Ein Durchmesser des gesamten Beetes von etwa 3 Metern ist eine gute Vorgabe.

Das Besondere am zentralen Komposthaufen ist, dass er nie umgesetzt wird. Der Komposthaufen kann hoch aufgetürmt sein. Das ist sehr praktisch, denn auf der oberen Spitze trocknen auch hartnäckige Wurzeln von Unkräutern zuverlässig ab. Im Innern des Haufens leben eine Vielzahl von Würmern und anderen Zersetzern, die fleißig ihre Arbeit tun und den Haufen immer wieder zusammensacken lassen. Die Nährstoffe, die dabei entstehen, werden durch Tätigkeiten des tierischen Lebens (Graben und Verdauen) in das umliegende Hochbeet verfrachtet. Auch die Gemüsepflanzen selbst ziehen mit ihren Wurzeln Nährstoffe aus dem Inneren zu sich selbst nach außen in das umliegende Beet.

Wenn Sie das fertige Beet von oben betrachten, können Sie vielleicht erkennen, wie dieses Beet zu seinem Namen gekommen ist. Der

Bei einem groß dimensionierten Schlüssellochbeet braucht es zwingend den *Zugang* zum zentralen Komposthaufen.

Komposthaufen stellt das Schlüsselloch dar, das fehlende Tortenstück als Zugang dazu ist die Einführung des Schlüsselbartes. Und jetzt müssen Sie nur noch den imaginären Schlüssel einmal umdrehen und Ihr erstes Schlüssellochbeet im Garten bauen.

Die Form muss nicht zwingend rund sein; nach diesem Prinzip lassen sich auch viereckige oder abgeänderte Beetformen ausführen. Wichtig ist in der Ertragszone nur der freie und leichte Zugang zum zentralen Komposthaufen.

Kräuterspirale

Wenn Sie ein Schlüssellochbeet bauen können, ist es nur ein klein wenig mehr Aufwand, um auch eine Kräuterspirale zu realisieren.

Kräuterspiralen können Sie sowohl in der Pufferzone als auch in der Hotspotzone errichten. Der Unterschied ist wieder alleine die eingebrachte Nährstoffmenge über das verwendete Bodensubstrat. Danach richten sich die gewünschte Pflanzenauswahl und die endgültige Mächtigkeit der eingebauten Drainage. In der Hotspotzone kann der Drainagekern bis zu 80 Prozent des Gesamtvolumens ausmachen.

Der Dimension einer Kräuterspirale sind keine Grenzen gesetzt; sie wird aber schnell durch das verfügbare Material begrenzt.

Jede klassische Kräuterspirale wird grundsätzlich in vier Bereiche eingeteilt:

- Nass, in einer Senke oder einem Teich
- Warm und feucht, fetter Boden, auf der unteren Ebene
- Normaler Boden im mittleren Bereich
- Heiß und trocken, magerer Boden auf der obersten Ebene

Ein kleiner vorgelagerter Teich bildet die nasse Zone. Alle verwendeten Pflanzen stehen oder wurzeln im Wasser; meistens wird dafür eine feste Teichschale eingebaut. Oft wird bei dem Teich einer Kräuterspirale Brunnenkresse als schmackhaftes Blattgemüse gewünscht, doch diese Pflanze wächst dauerhaft nur in fließenden Gewässern und wird entweder kümmern oder ganz eingehen. Einen sehr kleinen bepflanzten Teich dauerhaft klar zu halten, ist nicht leicht. Deswegen könnte stattdessen ein vegetationsloser Flachteich oder ein Sumpfbeet als eingebautes Naturmodul bei der Gestaltung ebenso eine Überlegung wert sein. Bei den meisten Kräuterspiralen bleibt der Teich wegen der geschilderten Probleme außerhalb der Planung und wird nicht ausgeführt.

Vom Teich windet sich die Bepflanzungsfläche spiralförmig nach oben. Die Bodenverhältnisse verändern sich von warm und feucht, mit guter Erde ganz unten (das entspricht dem Gemüsebeet) über normal in der Mitte (das entspricht dem Staudenbeet) zu heiß und trocken, mit magerer Erde (das entspricht dem Steingarten) ganz oben. Wie lang die Bepflanzungsfläche letztendlich wird, hängt davon ab, welchen Durchmesser die Kräuterspirale hat und wie schnell sich die gebaute Mauer nach oben windet. Sie selbst bestimmen durch den Unterbau und die verwendeten Erdsubstrate, wo Ihre persönlichen Schwerpunkte bei der Bepflanzung liegen.

Vielleicht bauen Sie ja eine komplette Kräuterspirale mit nur magerer Erde und mächtiger Drainage. Das ist dann in jedem Fall ein perfektes Superbeet für die Hotspotzone. Oder Sie verwenden sehr guten humosen Boden und realisieren das Bauprojekt nur für die Ertragszone und den Gemüseanbau.

Es gibt unterschiedlichste Pflanzlisten für klassische Kräuterspiralen, die schnell verwirrend sein können. Wenn Sie eine Pflanze richtig einordnen wollen, richten Sie sich nach den Begriffen Gemüsebeet, Staudenbeet und Steingarten. So finden Sie schnell den richtigen Platz für die betreffende Pflanze.

Für eine mager angelegte Kräuterspirale ist sowohl unten als auch oben die Bepflanzung als Steingarten möglich. Wenn nur humoser Boden verbaut ist, finden überall Gemüsepflanzen ihren Platz.

Egal, für welche Ausführung Sie nun planen, Sie beginnen mit einem flachen (für Ertragszone) oder steilen (für Hotspotzone) Hügel aus Bauschutt als Drainagekern. Am Fuß des Hügels auf der südlichen Seite heben Sie das Loch für den Teich aus. Dort beim fertiggestellten Teich beginnen Sie mit dem ringförmigen Bau einer Mauer aus Steinen oder Ziegeln um den Schutthügel herum, die Höhe der Mauer ist dabei leicht ansteigend. Das richtige Aufschichten der Steine haben Sie schon bei dem Bau eines Mondsichelbeetes geübt. Ob Sie gegen oder mit dem Uhrzeigersinn die Mauer ansteigen lassen, spielt keine Rolle und bleibt Ihrem eigenen Geschmack überlassen.

Wenn Sie mit der Mauer wieder beim Teich angelangt sind, ziehen Sie die Mauer leicht nach innen. So geht es nun spiralförmig weiter, bis Sie ganz oben angelangt sind. Die Bepflanzungsflächen füllen Sie dann etwa 10 bis 20 Zentimeter mit den gewünschten Böden und Substraten. Fertig ist die Kräuterspirale. Jetzt fehlt nur noch die passende Bepflanzung.

Die Form muss nicht zwingend rund sein, nach diesem Prinzip lassen sich auch langgestreckte Beetformen oder eckige Strukturen ausführen. Ihrer kreativen Fantasie sind hier keine Grenzen gesetzt.

Die endgültige **Bepflanzung** richtet sich nach dem verwendeten Substrat – wird guter Humus eingefüllt, ist auch Gemüseanbau möglich.

Kraterbeet

Spektakulär wird ein Beet für den Betrachter, wenn es nicht nach oben, sondern nach unten ausgerichtet ist.

rst, wenn Sie am Rand des Beetes stehen, wird der dreidimensionale Aufbau erlebbar. „Senkgarten" ist ein ähnlicher Begriff, der diesen Umstand des Überraschungseffektes genau zu benennen weiß.

Kraterbeete sind immer wärmebegünstigt, denn kalter Wind zieht einfach darüber hinweg. Da die Flanken geneigt sind, wärmen sich die Flächen im Inneren bei Sonneneinstrahlung auf. Das macht ein Kraterbeet deswegen für Ertragszone und Hotspotzone gleichermaßen attraktiv. Sowohl Gemüse als auch Steingartenpflanzen lieben warme Standorte.

Auf der Kanareninsel Lanzarote wird diese Beetform für den Weinbau noch aus einem anderen Grund genutzt. Der feine Lavagrus, aus dem die Beete aufgebaut sind, ist extrem porös und nimmt Luftfeuchtigkeit auf. Vom Lavagrus absorbiert, wird diese Feuchtigkeit nach unten an die tiefste Stelle des Beetes zu einem Weinstock geleitet. Dieser gedeiht als einzige Pflanze in dem Trichter mit einem Durchmesser von 3 bis 4 Metern in einem Gebiet, in dem Niederschläge als Regen extrem selten sind.

Für die Planung eines Kraterbeetes in Ihrem Garten benötigen Sie also zunächst eine Vertiefung. Vielleicht gibt es bei Ihnen einen ehemaligen Teich, der auf eine neue Gestaltung wartet. Oder eine bestehende Senke, die sich ausbauen und vertiefen lässt. Wenn nicht, müssen Sie ein Loch graben. Unterschätzen Sie dabei die Menge an auszuhebendem Material nicht, denn es kommen schnell etliche Kubikmeter Aushub zusammen. Diese Erde lässt sich am besten irgendwo in der Pufferzone als kleine Erhebungen und zur Reliefbildung unterbringen. Oder Sie schütten die Erde gleich am Rand Ihres gegrabenen Lochs als Wall auf. Hauptsache, Sie arbeiten einen Höhenunterschied heraus.

Ein Kraterbeet wird natürlich umso eindrucksvoller, je größer und tiefer Sie es gestalten. Vielleicht möchten Sie einen Bagger einsetzen, anstatt nur mit der Hand und Schaufel zu graben. Ob die Vertiefung aus immer kleiner werdenden konzentrischen Ringen oder aus einem spiralförmigen Weg nach unten besteht, bleibt Ihrer Gestaltungsfreiheit überlassen.

Der Blick in ein **Kraterbeet** ist immer überraschend.

Die warmen **Temperaturen** in der Senke eines Kraterbeetes kommen sowohl dem Gemüse als auch den Blumen, auf unterschiedlichen Substraten gepflanzt, zugute.

Bei tiefen Kraterbeeten müssen Sie auch berücksichtigen, wie es sich mit dem Grundwasser verhält. Oft bilden sich bei starken Niederschlägen oder feuchter Witterung am Grund von Vertiefungen ab 2 Metern unter normalem Bodenniveau schon periodische Wasseransammlungen. Diese verschwinden dann zwar wieder bei längerer Trockenheit, erschweren aber eine Nutzung des Kraterbeet-Bodens als Steingarten oder Gemüsebeet.

Steile Hänge neigen dazu, mit der Zeit zu erodieren und in die Mitte des Kraterbeetes zu rutschen. Deswegen sind Stützkonstruktionen aus Steinen oder Ziegeln gerade bei größeren, steileren und tieferen Kraterbeeten unabdingbar. Das Bauen einer Mauer zur Stabilisierung erfolgt identisch wie bei der Kräuterspirale, nur eben nicht nach oben, sondern nach unten.

Flache Kraterbeete kommen ohne Mauern aus, brauchen aber einen größeren Durchmesser und wirken dafür weniger spektakulär.

Je tiefer Sie ein Loch graben, desto magerer wird der anstehende Boden. Das ist gut für die Planung eines Hotspotzonenbeetes. Für die Ertragszone kann es dagegen notwendig sein, gute Erde in die tieferen Bereiche einzubringen.

Sie müssen sich auch Gedanken machen, wie Sie an den Boden des Kraterbeetes gelangen können, falls Sie etwas Großes in Planung haben. Eine Treppe, eine Leiter oder ein spiralförmiger Weg sind mögliche Lösungen, wenn es richtig in die Tiefe geht.

Wenn Sie die unterschiedlichen und komplexen Anforderungen eines Kraterbeetes beim Bau gemeistert haben, können Sie sich aber eines absoluten Blickfangs in Ihrem Garten sicher sein, egal, ob das Beet nun als Ertragszone oder als Hotspotzone gebaut ist.

Kartoffelturmbeet

Dieses Superbeet eignet sich ausschließlich für die Ertragszone. Wenn Sie Kartoffeln in Ihrem Garten anbauen wollen, liegen Sie mit dem Kartoffelturm goldrichtig.

Der Aufbau ist einfach: Sie brauchen ein Estrichgitter. Die Maße dieser Gitter betragen gewöhnlich 1 mal 2 Meter. Kaufen können Sie ein solches Gitter im Baustoffhandel. Das Gitter wird mit den kürzeren Enden aufeinander zu gebogen und mit Kabelbindern an drei oder vier Punkten miteinander verbunden. Die entstandene Gitterröhre stellen Sie auf einem ebenen Platz auf.

Jetzt beginnt das Füllen mit Erde. Damit die eingefüllte Erde nicht aus dem Gitter herausrieselt, wird etwas Heu circa 15 Zentimeter hoch von innen an das Gitter angedrückt. Damit dies gelingt, müssen Sie sich zunächst weit in die Röhre hineinbeugen. Jetzt können Sie mit Erde auffüllen. Mit einem Spaten gelingt dies einfach. Eventuell verteilen Sie die Erde mit der Hand auch in Richtung Heu. Dann beugen Sie sich wieder hinein und drücken die nächsten 15 Zentimeter Heu an. Benutzen Sie gerade so viel Heu, damit keine Erde nach außen rieselt.

Zum Wohle der Kartoffeln ausschließlich mit guter humoser Erde gefüllt.

Kartoffelturmbeet 75

Nahe an den Rand gelegt, treiben die Kartoffeln bald aus und strecken ihre Blätter an die Seiten des **Turmes** und nach oben.

Jetzt legen Sie vier Kartoffeln, die schon leicht angetrieben haben, in gleichmäßigem Abstand möglichst nah an das Gitter an. Das Laub der Kartoffeln soll nach außen durch das Heu ans Licht wachsen. Arbeiten Sie weiter wie bisher und legen Sie circa 30 Zentimeter höher noch einmal vier Kartoffeln und dann noch einmal. Insgesamt bringen Sie pro Turm also zwölf Kartoffeln unter.

Oben decken Sie ein letztes Mal mit Erde ab. Da Kartoffeln sogenannte „Starkzehrer" sind, müssen Sie eine sehr gute Erde im Turm verwenden, angereichert mit Kompost oder sonstigem organischen Material, wie Faulschlamm eines Gartenteiches. Dann heißt es warten – bald werden Sie das erste Grün der Kartoffelpflanzen sehen.

Der große Vorteil ergibt sich bei der Ernte. Sie müssen nicht aufwendig nach den neuen Kartoffeln im Boden graben, sondern zerschneiden einfach die Kabelbinder. Das Gitter ziehen Sie mit ein wenig Nachdruck beiseite. Wenn Sie nun den Erdturm zum Einsturz bringen, brauchen Sie die neuen Kartoffeln nur vom Boden aufsammeln.

Der Nachteil ist, dass Sie den Turm in der Wachstumsphase regelmäßig gießen müssen. Die Einwirkung von Wind und Sonne ist natürlich sehr intensiv und so trocknet ein Kartoffelturm relativ schnell aus.

Probieren Sie es einfach mal aus, es macht Spaß und verspricht reiche Ernte.

Die Komposttoilette

Die natürlichste Sache der Welt: Die Aufnahme von Essen, die Verdauung und schließlich die Ausscheidung setzen alle Menschen auf die gleiche Stufe, den König ebenso wie den Bettler. Ein Teil dieser dabei erzeugten Energie lässt uns atmen, denken, laufen und ist der Motor allen tierischen Lebens. Der Rest bleibt dann übrig. Vergeuden Sie nichts davon!

Kreislauf total

Ein Drei-Zonen-Garten legt großen Schwerpunkt auf den Kreislauf von Nährstoffen.

Im Idealzustand soll nichts den Hortus verlassen und nichts soll in den Hortus eingeführt werden.

Mithilfe der Mulchwurst wird beständig Energie von der Hotspot- und Pufferzone in die Ertragszone geleitet. Dort kann dann auf guten Böden gesundes Gemüse wachsen. Ein sehr wichtiger und aber für die meisten Menschen wenig erfreulicher Aspekt bleibt dabei vollkommen unberücksichtigt. Noch immer handelt es sich um ein offenes System, ohne komplett geschlossenen Kreislauf.

Was passiert nun, wenn Sie Ihr gesundes Gemüse essen und dann … nun Sie wissen schon … auf die Toilette gehen? In der Regel entwischen diese Nährstoffe meist mithilfe einer Klospülung und eines Kanalisationssystems.

Denken Sie einmal ganz locker und umgangssprachlich! Da gibt es das geflügelte Wort „Aus Scheiße Geld oder Gold machen", was so viel bedeutet wie „Nutzloses verkaufen oder etwas eigentlich Wertloses finanziell erfolgreich vermarkten". Friedensreich Hundertwasser, der bekannte Künstler, war ein Verfechter der geschlossenen Kreisläufe und der Komposttoilette. 1979 las er erstmalig aus seinem Manifest „Scheißkultur – die heilige Scheiße" in Päffikon am Züricher See: „Wir essen nicht das, was bei uns wächst, wir holen Essen von weit her, aus Afrika, Amerika, China und Neuseeland. Die Scheiße behalten wir nicht. Unser Unrat, unser Abfall wird weit weggeschwemmt. Wir vergiften damit Flüsse, Seen und Meere, oder wir transportieren sie in hochkomplizierte teure Kläranlagen, selten in zentralisierte Kompostierfabriken, oder aber unser Abfall wird vernichtet. Die Scheiße kommt nie auf unsere Felder zurück, auch nie dorthin, wo das Essen herkommt. Der Kreislauf vom Essen zur Scheiße funktioniert. Der Kreislauf von der Scheiße zum Essen ist unterbrochen. Wir machen uns einen falschen Begriff über unseren Abfall. Jedesmal wenn wir die Wasserspülung betätigen, im Glauben, eine hygienische Handlung zu vollziehen, verstoßen wir gegen kosmische Gesetze, denn in Wahrheit ist es eine gottlose Tat, eine frevelhafte Geste des Todes." (Hundertwasser: Schöne Wege. Langen-Müller, 2004.)

Die Energie, die in den Ausscheidungen steckt, ist durch eine Wasserspülung nicht wirklich verschwunden, sondern als Nitrat und sonstige Belastung im Grundwasser gebunden. Eine Algenblüte im Badeweiher ist nicht schön und die sichtbare Folge eines sehr bedeutenden Problems. In der Kläranlage wird mit enorm hohem technischen Aufwand versucht, eine maximale Reinigung des Wassers zu gewährleisten. Die Beschaffenheit des Trinkwassers aus der Leitung wird durch Bestimmungen zu den allgemeinen mikrobiologischen, chemischen und radiologischen Anforderungen durch die Trinkwasserverordnung genau geregelt. Alle möglichen Grenzwerte sind hier festgelegt und müssen eingehalten werden. Das Wasser wird wieder sauber gemacht. Dennoch ist das meiste Leitungswasser in Deutschland kein frisches Quellwasser mehr, sondern ist als chemisches Element H_2O mit Gedächtnis schon einmal durch eine Kläranlage geflossen. Optisch klar und aufbereitet mit Chlor rinnt es dann wieder aus dem Wasserhahn und Sie lassen es sich schmecken. Na dann Prost!

Hundertwasser bemerkt weiter: „Wir haben Tischgebete vor und nach dem Essen. Beim Scheißen betet niemand. Wir danken Gott für unser täglich Brot, das aus der Erde kommt, wir beten aber nicht, auf daß sich unsere Scheiße wieder umwandle. Abfälle sind schön. Das Sortieren und Wiedereingliedern der Abfälle ist eine frohe Tätigkeit. (...) Die Humustoilette ist ein Statussymbol. Wir haben das Privileg, Zeuge zu sein, wie sich mit Hilfe unserer Weisheit unser eigener Abfall, unsere eigene Scheiße in Humus umwandelt, so wie der Baum wächst und die Ernte reift." (Hundertwasser: Schöne Wege. Langen-Müller, 2004.)

„HOMO – HUMUS – HUMANITAS, DREI SCHICKSALSWÖRTER GLEICHEN URSPRUNGS."

„(...) Natürlich ist es etwas Ungeheuerliches, wenn der Abfallkübel in den Mittelpunkt unserer Wohnung kommt und die Humustoilette auf den schönsten Platz zum Ehrensitz wird. Das ist jedoch genau die Kehrtwendung, die unsere Gesellschaft, unsere Zivilisation jetzt nehmen muss, wenn sie überleben will." (Hundertwasser: Schöne Wege. Langen-Müller, 2004.)

Schon vor 40 Jahren waren die Gedanken von Hundertwasser extrem visionär. Er sprach nicht nur über dieses Thema, sondern verrichtete seine Geschäfte ausnahmslos auf Komposttoiletten. In unserer Gesellschaft hat sich leider nicht viel geändert, über Ausscheidungen spricht man noch immer nicht und wird sie am besten immer noch unbemerkt und verstohlen los.

Früher war das anders. Die menschlichen genauso wie die tierischen Exkremente landeten auf dem Misthaufen oder in einer Güllegrube und wurden als Dünger auf die Felder gebracht. In den Großstädten wurden alle diese gesammelten Wertstoffe zu sogenannten „Poudrette-Fabriken" gebracht, dort getrocknet, gemahlen und danach auf die Felder gebracht.

Noch früher war in den Städten das „Berufsbild" der Abtrittdienerin gang und gäbe. Frauen mit einer langen Stange auf den Schultern, an der zwei Eimer befestigt waren, boten ihre speziellen Dienste an. Menschen konnten so ihre Notdurft, geschützt durch ein großes Tuch, leicht auch im öffentlichen Raum verrichten. Die Abtrittdienerin hatte am Abend auf diese Weise ein wenig Kleingeld und vor allem Dünger für ihr Gärtlein vor den Toren der Stadt eingenommen.

Es funktionierte also mit der Verwendung der Ausscheidungen, aber nach Erfindung des sauberen und nicht riechenden Kunstdüngers nach dem Haber-¬Bosch-¬Verfahren hat sich die Normalität der Ausscheidungen zu Desinteresse und dann zur heutigen Ablehnung gewandelt. Hartnäckig halten sich Gerüchte, Ausscheidungen wären zumindest krankheitserregend oder sogar giftig.

Nähern Sie sich langsam wieder der Sichtweise von Hundertwasser – auch wenn es Ihnen schwer fallen mag, er hat Recht: In vielen Entwicklungsländern ist es heute noch normal und durchaus anständig, diese Ressource zu nutzen. Eine einzelne Kuh oder eine Ziege zu halten war früher bei uns in Deutschland (und ist es sicher für viele Menschen in ärmeren Ländern auch heute noch) selbstverständlich. Nicht nur die Milch oder das Fleisch war hier von Wert, sondern auch der ausgeschiedene Dung. Im alten Ägypten galt der Pillendreher, ein Käfer, der aus ebendiesem Dung Kugeln zur eigenen Fortpflanzung dreht, als sogar als heilig.

Die berühmte Terra preta aus Amazonien ist nur durch die Verwendung von Ausscheidungen und Holzkohle entstanden. In großen Tontöpfen wurde dazu organisches Material gesammelt und kompostiert. So entstanden mächtige und sehr fruchtbare Bodenhorizonte in einem Klima mit sehr hohen Niederschlägen, die eigentlich alle Wertstoffe ausschwemmen. Diese Grundlage guten Bodens ernährte eine sehr große Population von Amazonas-¬Indianern.

Auch bei uns in Deutschland war lange Zeit der Misthaufen der einzige Lieferant für Düngemittel. Es funktionierte alles in einem Kreislauf und dorthin sollten wir alle wieder kommen.

Der Bau

Im Handel gibt es die unterschiedlichsten Komposttoiletten.

Die modernsten und technologisch fortschrittlichsten Modelle können dank Rührwerk, Wärmeplatten und Lüftungsanlage in relativ kurzer Zeit aus den menschlichen Ausscheidungen hochwertigen und geruchsneutralen Kompost produzieren. Dazu wird aber beständige Zufuhr von elektrischer Energie zum Antrieb dieser Einheiten benötigt. Diese Toiletten sehen äußerlich genauso aus wie normale Porzellantoiletten – mit einem wichtigen Unterschied: Es wird kein Wasser verwendet und keine Chemie. Für solche Luxusmodelle müssen Sie überraschend tief in die Tasche greifen. Sie können aber selbst auch relativ einfach eine funktionierende Komposttoilette bauen.

Was ist nun das Geheimnis einer Komposttoilette? Das Plumpsklo ist ein Ort des Grauens und des Schreckens. Oma und Opa ist es noch aus der Kindheit bekannt. Es ist voll mit Fliegen, stinkt und wird schneller wieder verlassen, als es aufgesucht wird. Das große Problem beim Plumpsklo ist die Aufbewahrung der Ausscheidungen, flüssig und fest in dem gleichen Gefäß. Dieses Gemisch nennt sich „Gülle". Gülle gärt vor sich hin und erzeugt stark unangenehme Gerüche. Ist das Behältnis voll, was durchaus einige Zeit dauern kann, muss abgepumpt und weiterverwendet werden. Früher wurde dazu eine meist handbetriebene Güllepumpe verwendet und die ausgepumpte Flüssigkeit auf die Felder gebracht. Später machte ein Elektromotor diese Arbeit ein klein wenig freundlicher, dennoch war der gesamte Prozess noch immer höchst unappetitlich.

Im Gegensatz zu einem Plumpsklo werden bei einer Komposttoilette im Moment der Benutzung die Feststoffe (also das Große) von den Flüssigkeiten (also das Kleine) getrennt. Man spricht in diesem Zusammenhang auch von einer Trockentoilette. Es entsteht durch die Trennung keine Gülle, da die beiden Bestandteile in unterschiedlichen Behältnissen landen. Das bedeutet folglich, das gesamte Klo braucht eine Konstruktion, die genau diese Anforderung der Separation zuverlässig leisten kann.

Die Zuschlagstoffe

Es gibt fast nichts, was nicht riechen könnte. Damit es noch weniger bis fast nicht riecht, sind ein paar Dinge zu berücksichtigen.

Eine gute Lüftung ist nicht verkehrt. In Innenräumen ist dies schon schwieriger zu verwirklichen und mit einem Lüftungsrohr ähnlich einem Kaminrohr mit Anschluss nach draußen zu bewerkstelligen. In einer freistehenden „Herzerlhütte" sorgt die umgebende Frischluft für genügend Austausch.

Der Urin im Kanister ist unproblematisch. Über die Zeit der Lagerung verdampfen Geruchsstoffe und Wasser, die Flüssigkeit kann dabei ausflocken und auch ein wenig eindicken. Es bildet sich ein Bodensatz. Erst beim Umfüllen riecht es wieder stärker. Der Stuhlgang selbst besteht aus etwa 80 Prozent Wasser. Durch Wärme kommt es zu einem Abtrocknen und so zu einer Volumenverminderung. Nach jedem Geschäft wird einfach eine kleine Schaufel mit Zuschlagstoff hinterher geschüttet. So werden Geruchsstoffe gebunden und auch die Oberfläche des Haufens vergrößert, das wirkt sich günstig auf die Verdunstungsrate aus. Es gibt etliche spezielle Zuschlagstoffe zu kaufen. Am günstigsten und auch bestens geeignet ist einfache Gartenerde mit einem hohen Anteil an organischem Material. Diese Erde lagert mit der Schaufel in einer großen Schüssel neben dem Klosett und kann so nach dem Geschäft leicht benutzt werden. Ist die Schüssel leer, wird wieder aufgefüllt. Nach den ersten fünf Portionen kann auch einmalig eine Handvoll Humus mit Regenwürmern beigegeben werden.

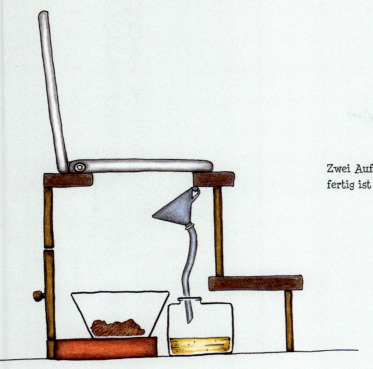

Zwei Auffanggefäße, ein Trichter und ein Schlauch – fertig ist die **Komposttoilette.**

Es gibt etliche bauliche Möglichkeiten, die Separation zu erreichen. Auf einfachste Weise funktioniert es mithilfe eines eingehängten Haushalttrichters innen an der vorderen Seite des Klosettsitzes. Dort wird dann ein Schlauch angeschlossen, der nach unten führt. Der Urin wird so in einen großen und stabilen Kanister geleitet.

Der Stuhlgang fällt der Schwerkraft folgend nach unten in einen großen Behälter, wie etwa eine Mörtelwanne.

Sowohl Männer als auch Frauen sitzen bei ihrem Geschäft auf dem Klosettsitz. Pinkeln im Stehen ist Tabu. Der Trichter wird exakt so positioniert, dass er seine Funktion sowohl bei fraulichen oder auch männlichen Anforderungen erfüllen kann.

Fertig ist die Komposttoilette. Ob Sie diese nun mit Holz oder Stein, freistehend oder innerhalb eines Gebäudes bauen, spielt keine Rolle. Sie haben die kreative Freiheit und können dafür sorgen, dass Ihrem System Hortus keine Energie mehr entwischt. Außerdem sparen Sie immens Wasser und gewinnen sauberen Kompost.

Außerdem brauchen Sie unter Ihrer optisch gewohnten Toilette mit Klosettsitz und Deckel Platz für einen großen Behälter (für das Große) und einen Kanister (für das Kleine). Eventuell müssen Sie also ein paar Stufen nach oben steigen, bevor Sie sich setzen können. Sowohl der Behälter als auch der Kanister müssen leicht zugänglich sein, um bei Bedarf entleert werden zu können. Gerne können Sie vor den Behältern einen Sichtschutz oder eine kleine Tür einbauen.

Verwendung der Produktionsstoffe In unseren Breiten sind wir Toilettenpapier gewöhnt. Das kann auch in einer Komposttoilette benutzt werden. Entweder es fällt nach unten und kompostiert mit, oder es wird separat in einem Eimer gesammelt und zu Asche verbrannt. Letzteres ist vielleicht die bessere Lösung, denn Zellstoff verrottet nicht wirklich schnell.
Der Urin wird mindestens 1 : 10 mit Wasser verdünnt und kann dann direkt zum Gießen verwendet werden. So ist er ein perfekter Dünger. Unverdünnt ist Urin viel zu scharf und für die Pflanzen ungeeignet.
Der Stuhlgang kompostiert umso besser, je länger er in der Mörtelwanne verbleibt. Nach einem Jahr fleißiger Arbeit der Destruenten ist fast nichts mehr zu erahnen von den Ausgangsprodukten. Entweder stellen Sie eine volle Mörtelwanne beiseite und lassen den Inhalt über einen Zeitraum von 12 Monaten fertig reifen. Oder Sie schütten den gesamten Inhalt in den zentralen Komposthaufen eines Schlüssellochbeetes und decken ein wenig mit anderem organischen Material ab.

Naturmodule

Eine Wohnung ist für die Bewohner erst komplett, wenn es neben der Küche mindestens ein Schlafzimmer, ein Wohnzimmer, ein Bad mit Toilette und verschließbare Fenster und Türen gibt. Niemand, auch kein Tier, kann in nur einem dieser Räume zufrieden und satt leben. Machen Sie Ihren Garten zu einer kompletten Wohnung für Alle!

Nisthilfen und Sandarium

Das Thema „Insektenhotel" ist sehr populär. Oft ist der Bau einer solchen Nisthilfe der Einstieg für Wildbienenschutz auf privaten oder öffentlichen Flächen.

Manchmal wird dabei aber das eigentliche Ziel aus unterschiedlichen Gründen verfehlt. Ein großer Streitpunkt beginnt schon bei den beiden Begriffen „Insektenhotel" und „Nisthilfe". Ein Hotel bietet nach gängiger Definition nur eine Übernachtungsmöglichkeit. Grundsätzlich verbringen die angelockten Insekten aber einen kompletten Lebenszyklus als Vollinsekt, Larve und Puppe innerhalb eines ganzen Jahres in der angebotenen Nisthilfe. Den Insekten ist es ziemlich egal, wie ihre Wohnumgebung bezeichnet wird. Ob es wert ist, sich über die richtige Begrifflichkeit zu streiten, bleibt dahingestellt.

Von den geschätzten 550 Wildbienenarten Deutschlands nehmen nur circa 30 künstliche Nisthilfen an, die leider oder glücklicherweise – je nach Betrachtungsstandpunkt – zu den häufigsten Arten gehören. Was ist also mit dem Schutz der restlichen 520 Arten? Was kann man für diese seltenen Arten tun? Gerade diese Insekten verdienen unsere Aufmerksamkeit in besonderer Weise. Wildbienenschutz fängt bei einer Nisthilfe an, hört aber hoffentlich dort noch lange nicht auf.

Die meisten Wildbienen brüten und legen ihre Nester im Boden an. Sie brauchen also geeignete und vegetationsarme Substrate, vor allem unterschiedliche Sande, in die sie ihre Nisthöhlen selbst graben.

Der Schwerpunkt beim Wildbienenschutz sollte bei der Errichtung der geeigneten Strukturen und Naturmodule liegen. Ein Sandarium ist ein Muss für jeden engagierten Wildbienenfreund.

Ein anderer übersteigerter Ansatz ist es, die beste und perfekte Nisthilfe bauen zu wollen. Da wird gefeilt und entgratet, was das Zeug hält. Wer möchte schon dafür verantwortlich sein, dass die Bienen sich beim Beziehen der Löcher die Flügel zerschleißen oder beschädigen? Löcher werden mit leichter Neigung nach oben gebohrt, damit kein Tropfwasser zu den Puppen oder Larven eindringen kann. Ein Horror aller Bauherren scheint pauschal „harzendes" Weichholz zu sein. Da können die Larven verkleben und müssen sterben. Stirnholz ist unbeliebt, denn nach der Bohrung bilden sich Risse und ermöglichen so das Eindringen von Feuchtigkeit, Pilzen und eventuell auch Fressfeinden.

Sterben oder sich verletzen muss bei Nichtbefolgung der fachlich durchaus berechtigten Ratschläge wohl kaum ein Insekt. Die Insekten sind primär an Nachkommenschaft zur Erhaltung der Population interessiert, haben evolutionär wasserdichte Puppen entwickelt und werden schadhafte oder ungünstige Löcher einfach nicht besiedeln. Abgelagertes Weichholz harzt nicht und ist viel leichter zu bohren als Hartholz. Gebohrtes Stirnholz schaut einfach gut aus und funktioniert auch, wenn es nicht zu Rissen kommt, in der Regel tadellos.

Nisthilfen und Sandarium 85

Die detaillierten Bauanleitungen für ein Sandarium und alle anderen Naturmodule finden Sie im Buch „Ideenbuch Nützlingshotels" des Autors.

Wenn nun andere Insekten wie Marienkäfer, Ohrenzwicker oder Spinnen in der gebauten Struktur in Materialien, die für Wildbienen ungeeignet sind, tageweise trotzdem Unterschlupf finden, ist es nicht wirklich umsonst und fördert die Vielfalt. Dann passt auch der Begriff „Insektenhotel" wieder besser.

In der Natur kommen so dichte Besiedlungsdichten wie an einer künstlichen Nisthilfe nie vor. Deswegen sind dort Parasiten wie Milben, Krankheiten, Pilzbefall und Fraßdruck durch Vögel wie Spechte und Meisen oft ein Problem.

Niemand sollte den Spaß seiner eigenen Kreativität beim Bau der „perfekten" Nisthilfe durch die hohen Anforderungen der Experten verlieren.

Verlegen Sie Ihr Engagement für Wildbienen neben der Errichtung unterschiedlicher Sandarien vor allem auch auf echtes Totholz als Naturmodul in Ihrem Hortus. Die natürlichen Löcher in Totholz, entstanden aus dem Schlupf von Käfern, deren Larven im Innern an dem Holz nagen, bieten ebenso Wohnraum.

Eine gut strukturierte Pufferzone und Hotspotzone mit einer Vielzahl von Blüten mit Nektar und Pollen, also Nahrung für die Insekten, ist letztendlich entscheidend für den Erfolg. Das beste „Hotel" bietet keinem Insekt etwas, wenn es an der Nahrung fehlt.

Die meisten **Wildbienen,** wie etwa die Sandbienen, nisten im Boden und sind auf ein Sandarium angewiesen.

Holzkeller und Wurmfarm

Die meisten kleinen Lebewesen sind Sonnenkinder, aber es gibt auch eine sehr große Zahl unbeachteter Kreaturen, die es lieber kühl und schattig mögen.

S ie sind im Naturhaushalt genauso wichtig wie die blütenbestäubenden Insekten. Nur leisten sie andere, vielleicht sogar noch wichtigere Aufgaben.

Die Zersetzer und Destruenten zerlegen und zerkleinern das beständig neu entstehende organische Material und machen es letztendlich wieder für die Pflanzen als Humus verfügbar. An der Arbeit sind neben Bakterien und Pilzen sehr viele kleine unscheinbare Tierchen beteiligt, die alle wieder von weiteren größeren Tieren gefressen werden und so ein wichtiges Nahrungsdepot für Singvögel, Igel, Amphibien und Reptilien bilden.

Es gibt auch größere Lebewesen, Regenwürmer etwa oder Käferlarven, die fleißig daran arbeiten, die Erdoberfläche und die Schichten darunter fruchtbar zu halten.

Leider beeinflusst der Mensch mit einer übertriebenen Ordnungsliebe dieses Gleichgewicht in schädlicher Weise. Laub und sämtliches Pflanzenmaterial wie Staudenschnitt und Gras wird zusammengeblasen, gerecht, aufgesaugt und letztendlich entsorgt. Totholz wird der Reinlichkeit zuliebe komplett entfernt. Somit fehlen elementare Bestandteile intakter Natur in einem „überpflegten" Garten. Die Ver-

Ein Holzkeller kann grobes, holziges Material schlucken, nichts muss mehr weggefahren und entsorgt werden.

luste an organischem Material werden dann wieder durch gekauften Rindenmulch oder Humus ersetzt. Die Verluste der Nützlinge und ihre wichtige Arbeitsleistung sind nicht zu ersetzen und fehlen im Folgejahr im Garten.

Das muss nicht sein. Unser schönster und größter einheimischer Käfer, der Hirschkäfer, stirbt aus, weil die Nahrung seiner Larven, verrottendes Eichenholz, nirgends mehr liegen bleiben darf.

Dem wunderbaren metallisch grün glänzenden Rosenkäfer wird oft unterstellt, er würde sich an Rosen gütlich tun und diesen schaden. Die Larven leben in Wahrheit im Mulch von Komposthaufen und knabbern dort schwer verdauliches Material viele Jahre vor sich hin, bis sie sich verpuppen und als Käfer schlüpfen. Ausgewachsene Käfer fressen dann nur noch ein paar Pollen von breiten Blüten, auf denen sie gut landen können.

Ein extra angelegter Holzkeller kann viel Gutes bewirken. In einem Loch im Boden, das einfach mit Stämmen, Ästen und Rinden gefüllt wird, können sich all diese wunderbaren Tiere entwickeln. Dort gibt es Nahrung im Überfluss und es ist kühl und feucht. Hier kann auch beständig Material nachgelegt werden und das Entsorgungsproblem, das den Gärtnern Zeit und Geld und Arbeit abverlangt, ist auf elegante und für die Vielfalt nützliche Weise gelöst.

Jeder Komposthaufen, der nicht regelmäßig umgesetzt wird, wie etwa im Schlüssellochbeet, bietet optimale Bedingungen. Viele Tiere können sich dort dann ungestört entwickeln und vermehren. Jedes regelmäßige Aussieben, bei der herkömmlichen Kompostwirtschaft obligat, zerstört bestehende Lebensgemeinschaften und schadet der Vielfalt.

Aus unterschiedlichen Materialien, wie etwa Holzpaletten, lassen sich sinnvolle Kompostbehälter gestalten. Versteckt in der Puffer-

Vier Holzpaletten, einfach mit Winkeln und Schrauben verbunden, nehmen Zweige oder Staudenschnitt auf.

zone stören sie nicht und sind dennoch ein Hort des verborgenen Lebens. Hier entwickeln sich viele Tiere und die Jäger wie Igel und Co. kommen gerne für einen Besuch vorbei, um ein klein wenig nach Nahrung zu stöbern.

Wenn Sie dann noch auf bestimmte Zusammensetzungen und Schichtungen der Materialien achten, können gezielt auch große Mengen von Regenwürmern in einer Wurmfarm gezüchtet werden. Diese können Sie bei Bedarf als fleißige Helfer in Bereichen der Ertragszone aussetzen und dort weiter arbeiten lassen.

Wollen Sie nicht auch etwas für die verborgene Welt der Zersetzer tun?

Holzkeller und Wurmfarm

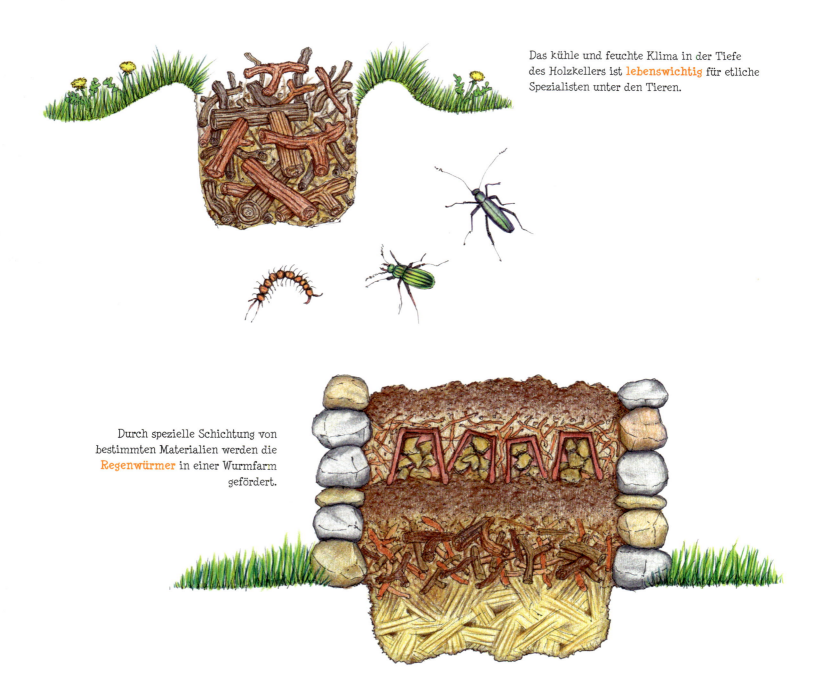

Das kühle und feuchte Klima in der Tiefe des Holzkellers ist **lebenswichtig** für etliche Spezialisten unter den Tieren.

Durch spezielle Schichtung von bestimmten Materialien werden die **Regenwürmer** in einer Wurmfarm gefördert.

Ebenso wie Stein wärmt sich auch Holz auf und ist ein beliebter Landeplatz bei Schmetterlingen.

Wurzelskulptur und Reisighaufen

Die Bedeutung von Totholz kann nicht oft genug betont werden. Jedes tote Holz, egal ob es nun am Boden liegt und feucht wird oder stehend schnell in der Sonne abtrocknet, beherbergt und ermöglicht wichtiges Leben.

Springspinnen halten sich oft gut getarnt oft solchen Oberflächen auf. Sie sind optimal an diesen Lebensraum angepasst. Durch den Wärmestau auf dunklem Holz können sie sich sehr schnell bewegen. Ihre Sprünge, mit denen sie ihre Opfer, etwa kleine Fliegen, zu überwältigen versuchen, sichern sie mit einem an das Holz angeklebten Faden gegen Absturz ab. Viele Schmetterlinge wärmen sich bevorzugt an Holz oder Stein auf, bevor sie sich flatternd oder gaukelnd auf Blütensuche begeben.

Ein abgestorbener Ast in einer Baumkrone ist keine Schande, sondern wertvolles Naturmodul. Flechten- oder Moosbewuchs betonen noch den hohen ökologischen Nutzen und sind Qualitätszeichen einer gesunden Umgebung.

Jedes Holz, ob nun als Wurzel, die aus dem Boden ausgegraben wurde, oder als Zweige, die von einem Rückschnitt stammen, kann optisch ansprechend in der Gestaltung eines Hortus verwendet werden. Einfach aufgeschichtet als Reisighaufen haben Äste schon viele

Wurzelskulptur und Reisighaufen

Eine große **Wurzel** kann sehr dekorativ sein und nützt vielen Tieren.

positive Auswirkungen. Hier gibt es Kinderstuben der Nützlinge oder sonstige Unterschlupfmöglichkeiten.

Wird kreativ aufgeschichtet, können Begrenzungen oder sogar Sichtschutz gestaltet werden mit Materialien, die in jedem Garten umsonst und regelmäßig anfallen.

Ist Ihr Ziel eine gut strukturierte Pufferzone? Mit einer Benjeshecke beginnend, also einem aufgeschichteten Wall aus Reisig, können Sie mit angepflanzten Sträuchern schnell dieses Ziel erreichen. Vielleicht siedeln sich auch Sträucher von alleine an, deren Samen von den Ausscheidungen der Vögeln stammen, die sich in dem Geäst des Haufens vor Räubern und widrigen Wetterbedingungen zurückgezogen haben. Oder Sie helfen mit gezielten Pflanzungen von einheimischen Sträuchern am Rand des Walls nach.

Bauen und gestalten Sie kreativ in Kurvenform oder mit geflochtenen Abschnitten. Dazwischen passen attraktive Wildrosen mit ihrer

Naturmodule

Ein **Reisigwall** trennt hier die Pufferzone von einem Weg.

Ein **Reisighaufen** bietet durch den Kern aus stärkeren Ästen eine Vielzahl von Verstecken.

Blütenpracht im Sommer und den bunten Hagebutten im Herbst. Muss es denn immer die langweilige Thujahecke sein? Ist nicht eine vielfältige Hecke viel schöner als diese Monotonie, deren Pflege sich auf regelmäßiges Gießen und stures Schneiden beschränkt?

Es gibt hartes und weiches Holz. Die Verrottungsdauer kann sehr unterschiedlich sein. Gerade fremdländische Gehölze, wie die Stämme und Äste von Thuja, sind sehr dauerhaft. Trotzdem wird alles Holz irgendwann von den ersten Destruenten aufgeschlossen und der lebendige Zerfall beginnt.

Steine sind nicht tot und können auch in ein **lebendiges** Umfeld integriert sein.

Steinhaufen, Steinpyramide und Sonnenfalle

In den letzten Jahren ist eine Versteinerung und Verkiesung der Gärten festzustellen. Als ob die Menschen vor der Natur, den Pflanzen und den Schmetterlingen Angst hätten, wird der Garten zu einer leb- und lieblosen Festung ausgebaut.

Die Gabione hat Hochkonjunktur. Die Gesteine aus fernen Ländern, oft durch Kinderarbeit in den Steinbrüchen gebrochen, dominieren unsere Gartenlandschaft. Abweisend und kalt, unnahbar und naturfeindlich zeigt sich Straße für Straße. Ob sich da Rückschlüsse auf die Bewohner in den Häusern ziehen lassen?

In Gesprächen sind die Gründe für dieses Gartenmodell zu erfahren, für Alternativen fehlt die Zeit und Blumen machen angeblich zu viel Arbeit. Wahrscheinlich mangelt es auch an genereller Lust an Lebendigkeit und einer fröhlichen Kreativität.

Betrachtet man natürliche Steingärten, etwa in den Bergen über der Baumgrenze, stellt man fest, dass dort eine immense Blütenpracht herrscht, ohne dass überhaupt jemals gegossen oder gejätet wird. Ist der Mensch nicht fähig, solche Dinge, die funktionieren, einfach nachzubauen? Scheinbar kann er es nicht, denn die modernen Steingärten sind nicht so pflegeleicht wie sie wirken. Auch hier müssen die wenigen Pflanzen gegossen werden, zwischen den Steinen sprießt „Unkraut" und so manch ein überzeugter „Steingärtner" muss seine weißen Kiesel mit einer Bürste regelmäßig von grünem

Ein echter Steingarten mit einheimischen Pflanzen muss nie gegossen werden.

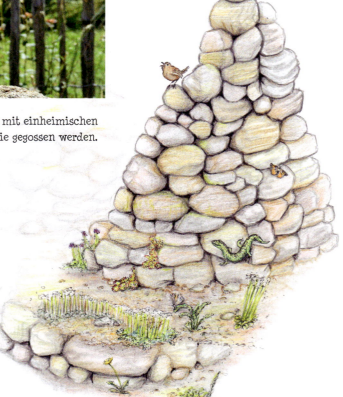

Steinpyramiden sind gleichzeitig Naturmodule und Erkennungszeichen eines Hortus.

Moosbewuchs und Algenbesatz befreien, damit der strahlende Glanz erhalten bleibt.

Ein natürlicher Steingarten zeichnet sich durch drei grundlegende Eigenschaften aus: Drainage, mageres Substrat und die richtigen Pflanzen. Ein Staudenbeet mit Steinen, oft mit einem Steingarten verwechselt, erfüllt keine dieser Bedingungen. Regenwasser fließt nicht ab, der verwendete Boden ist sehr humusreich und die hochgezüchteten Pflanzen stammen aus dem Baumarkt und nicht aus der Wildpflanzen-Gärtnerei.

Steine, kombiniert mit den richtigen Pflanzen, sind immer sehr wertvoll, denn sie beeinflussen das Mikroklima. Jeder Stein erwärmt sich bei Sonnenschein, speichert die Wärme und gibt sie vor allem in der Nacht bei sinkenden Temperaturen wieder ab. Aus Städten ist dieses Phänomen bekannt. Im Sommer heizen sich die Stadtzentren regelrecht auf und haben oft einen Temperaturunterschied zur ländlichen Umgebung von mehreren Grad Celsius.

Dieser Effekt kann gezielt genutzt werden. Steine, zu einem Wall oder einer Mauer in einem Halbrund drapiert, nach Süden geöffnet, bilden eine Sonnenfalle. So wird sogar die Existenz von Pflanzen, die sich in unserem Klima nur schlecht entwickeln oder selten Früchte tragen, möglich. Denken Sie etwa an winterharte Feigen, Aprikosen oder einfach nur Weintrauben.

Jede Ansammlung von Steinen ist sinnvoll, je größer der Haufen ist, desto größer ist die Temperaturwirkung. Zudem gibt es in den Zwischenräumen vielfältige Versteckmöglichkeiten für allerlei Getier.

Kennen Sie die „Steinmanderln" entlang von Höhen- oder Pilgerwegen? Diese Steinpyramiden haben eine interessante Entstehungsgeschichte. Früher haben die Menschen, bevor sie solche Wege beschritten haben, einen Stein in der Hosentasche oder im Rucksack mitgenommen und an der Steinpyramide hervorgeholt und abgelegt. Dieses Ablegen wurde verbunden mit einem „Innehalten" und einem „Dankesagen".

Sollten Sie das nicht auch in Ihrem Garten wagen?

Werden Steine in einem **Halbbogen** nach Süden ausgerichtet, speichern sie besonders viel Wärme.

Hortus-Netzwerk

Gemeinsam im Austausch erreicht man viel mehr als alleine; niemand muss außen vor bleiben oder ist ausgeschlossen. Was der Eine nicht weiß, kann der Andere beitragen. Trotzdem ist der eigene Garten immer ein Abbild der persönlichen Entwicklung und gestalterisch individuell. Realisieren Sie Ihren Gartentraum innerhalb einer starken Gemeinschaft!

Gesamtkarte des Netzwerkes

mit Markern, die die Horti kennzeichnen (Stand: 2018).

Gesamtkarte des Netzwerkes 99

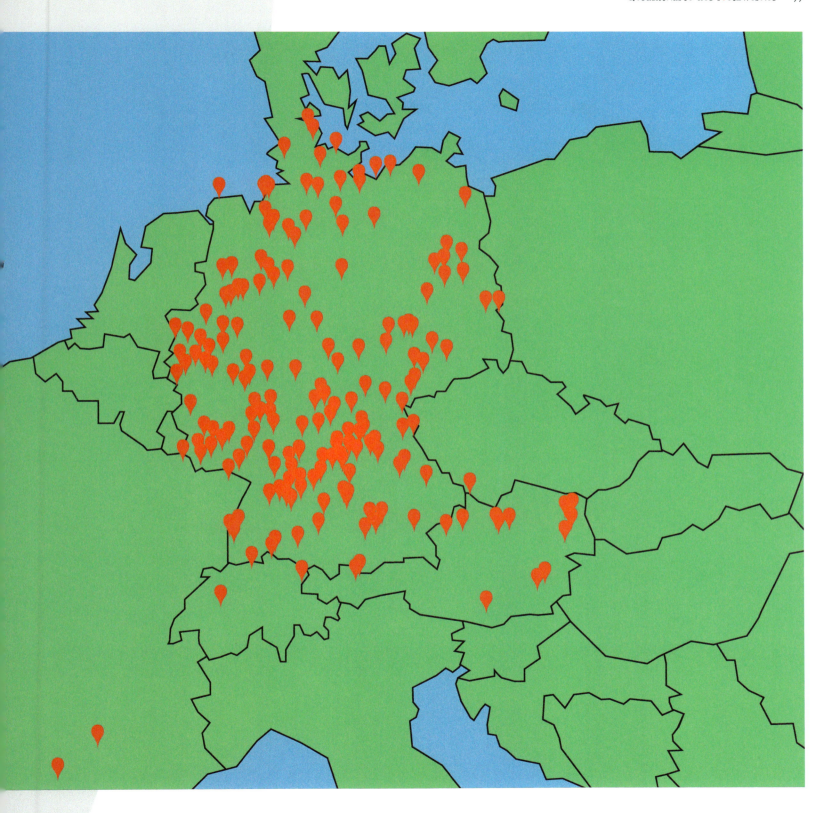

Der Gong am Pyramidenweg des HI spielt auf Führungen eine „tönende" Rolle.

Hortus insectorum und Hortus felix

MARKUS GASTL UND GERLINDE STRNAD

Zwei Gärten und somit doppeltes Glück? Möchte man meinen! Leider sind die beiden Gärten 18 Kilometer voneinander entfernt und ich kann nicht gleichzeitig in beiden Horti sein.

eistens befahre ich die Landstraßen zwischen dem Dorf Beyerberg, umgeben von landwirtschaftlichen monotonen Flächen (seit 2007 Hortus insectorum, HI, 7500 Quadratmeter groß, der Garten der Insekten) und der aufstrebenden Marktgemeinde Herrieden, umgürtet von ausufernden Gewerbegebieten (seit 2012 Hortus felix, HF, 2800 Quadratmeter groß, der fruchtbare und ergiebige Garten) mit meinem Elektrorad. Nach der Devise „Kraft sparen", um auch noch vor Ort arbeiten zu können.

Oft sieht man mich aber auch mit Pkw und einem Hänger voller Heu in Richtung Herrieden fahren. Die komplette organische Energie aus dem HI nutze ich also für die Ertragszone im HF. Dort wird dann alles zu Mulchwürsten gerollt. Die Ertragszone im HI liegt brach, denn ich bin hier nur noch für Pflegearbeiten und Führungen. Gemüse will den Gärtner öfter sehen als Hecke oder Blumenwiese in der Puffer- und Hotspotzone.

In Herrieden wohne ich mit meiner Frau Gerlinde Strnad in einer sterilen Neubausiedlung, geprägt von Gabionenwänden, Kiesschüttungen und Rasenflächen. Lieblingsadresse junger Familien, deren Kinder Schmetterlinge wohl nur aus Büchern kennen. Sehen kann man die Kinder eigentlich nie, außer sie laufen in die Schule oder von der Schule zurück nach Hause.

Der HF liegt auf der anderen Seite der Ortschaft am Ende einer Sackgasse, die, wie sollte es anders sein, von sterilen Gärten der Rasenmäher- und Pflanzenschutzmittel-Fraktion gepflegt und flankiert wird.

Beide Horti sind „Oasen des Lebens" in einer aus unterschiedlichsten Gründen an Natur verarmten Umgebung – leider. Durch regelmäßige Führungen in beiden Gärten versuchen wir, Bewusstsein zu schaffen und so Veränderungen anzustoßen. Ängste nehmen, Gestaltungsideen liefern, kleine Wunder der Schöpfung zeigen, ökologische Zusammenhänge vermitteln – das sind die Hauptgründe, warum wir die beiden Gärten öffentlich machten. Gäste kommen von weit her, um sich Anregungen zu holen und wieder mit nach Hause zu nehmen. Daraus ist das Hortus-Netzwerk entstanden – ein loser Zusammenschluss aus motivierten Gärtnern im deutschsprachigen Raum. Sie alle meinen es ernst und möchten durch die Gestaltung ihres eigenen Hortus etwas verändern. Jeder hat seinen eigenen Schwerpunkt, folgt seiner eigenen Geschwindigkeit und Kreativität.

Die Vorgabe ist das Drei-Zonen-Modell, das jedem Gartenbesitzer hilfreich sein kann, den eigenen Garten zu mehr Vielfalt, Schönheit und Nutzen zu verändern. Verbindende Klammer ist die Facebook-Gruppe „Hortus-Netzwerk Oasen des Lebens" und das tolle Forum: www.hortus-netzwerk.info. Die Ergebnisse der einzelnen Hortusianer sind höchst unterschiedlich, immer spannend und Ausdruck eine tiefen Naturliebe. Die folgenden vorgestellten Horti in diesem Kapitel zeigen die ganze Bandbreite der möglichen Interpretationen eines Drei-Zonen-Gartens.

Auch meine beiden Horti sind sehr verschieden. HI habe ich alleine gestaltet, im HF hat sich auch Gerlinde mit eingebracht. Welchen mag ich nun lieber? Welcher ist der schönere? Darauf kann ich keine Antwort geben, denn mit beiden Gärten habe ich mich sehr intensiv gestalterisch auseinandergesetzt und fühle mich gleichermaßen verbunden. Hunderte, ja Tausende von Stunden habe ich arbeitend, schaffend, pflegend auf diesem Land verbracht. Mir ist vollkommen klar, dass ich dieses Land zwar auf dem Papier besitze, aber es mir dennoch nicht gehört. Es ist mir nur für meine

Steinpyramiden sind nicht nur Naturmodule sondern auch Gestaltungselement in Ihrem Hortus.

Hortus felix liegt in Herrieden, Mittelfranken und ist der zweite Garten von Markus Gastl und seiner Frau Gerlinde Strnad.

Superbeete:

- Kartoffelturm
- Kraterbeet
- Kräuterspirale
- Mondsichelbeet
- Schlüssellochbeet
- Vulkanbeet

- Komposttoilette

Naturmodule:

- Holzkeller
- Nisthilfe
- Reisighaufen
- Sandarium
- Sonnenfalle
- Stehendes Totholz
- Steinhaufen
- Steinpyramide
- Wurmfarm
- Wurzelskulptur

Lebenszeit anvertraut worden, wenn ich sterbe, bleibt es zurück. Mein Wunsch ist es, dieses Land vielfältiger, schöner und nützlicher an den nächsten, der da kommt, zu übergeben.

Im HI sind die Zonen als konzentrische Kreise um ein Bauernhaus in der Mitte aufgebaut. Das war leicht zu realisieren, denn zu Beginn der Gestaltung gab es nur eine leere und ebene Fettwiese. Schwerpunkt sind hier Blumenwiesen und Steingartenanlagen im mittleren Ring der Hotspotzone. Es wurden fast 70 Lkw Bauschutt historischer Gebäude verarbeitet.

Der HF ist in Hanglage und war schon viele Jahrzehnte ein geplanter Garten, in dem vor allem Edelrosen in Staudenbeeten kultiviert wurden. Alle vorhandenen Elemente der Vorbesitzer wie Gartenteiche, Beetstrukturen, Fundamentgesteine und Wegeplatten wurden im Sinne des Upcycling genutzt, erhalten oder aber in ihrer Zweckbestimmung verändert. Das Einbringen von Fremdmaterial ist wegen der Hanglage beschwerlich und so ist alles schon vorhandene Material viel wert.

Im HI habe ich sehr viele Steinpyramiden als Naturmodule, aber auch als Gestaltungselemente erbaut. Die meisten davon haben ein Namensschild. Sieben Pyramiden symbolisieren zu Beginn des Pyramidenweges das Schlechte und Negative. Die Namen, geschrieben auf einfache Quadersteine davor, erklären jedem Besucher, warum so wenige Menschen in ihrer nächsten Nähe Natur zulassen. Die Pyramiden heißen: Gier, Leere Worte, Mangelnde Taten, Angst, Scheinheiligkeit, Unwissenheit und Gleichgültigkeit. Durch diese Symbolik und die damit verbundenen Geschichten entstehen emotionale Momente auf einer Führung. Ein großer Gong mit tiefem Klang beim Anschlagen leitet dann zu den restlichen, nur noch positiv belegten Pyramiden über. Es sind insgesamt 35,5 Steingebilde. 35,5 war auch mein Lebensalter, als ich das Versprechen gab, nach meiner langen Radreise einen Garten für die Natur anzulegen.

Der HF hingegen ist geprägt von verschiedenen Superbeeten. Hier finden sich Sonnenfallen, eine Kräuterpyramide mit dem Pedant Kraterbeet, zwei Gewächshäuser, ein Walipini, Mondsichel-, Vulkan- und Schlüssellochbeete. Ein Bienenhaus mit sechs Völkern betont den Nutzungsaspekt. Viele kleine Elemente symbolisieren Aspekte der Drei Zonen. So wirkt alles sehr abwechslungsreich und die gesamte Gartenanlage ist mosaikförmig zusammengesetzt. Schwerpunkt ist die Versorgung mit gesunden Lebensmitteln. Mulchwurst und Komposttoilette schließen den Nährstoffkreislauf. Hier gibt es sogar auch Sitzplätze und Liegestühle auf einer kleinen Terrasse vor dem Gartenhaus. Ruhe geben und Ausruhen muss ich erst noch lernen.

Beide Horti sind erschlossen durch einen schmalen Rundweg, auf denen sich die Gäste und auch wir selbst hauptsächlich durch die Drei Zonen bewegen. Hier auf diesen Wegen wird manchmal auch der Rasen gemäht. Die restlichen Flächen werden gesenst oder gesichelt und nur betreten, wenn Pflegearbeiten durchgeführt werden. So bleibt der größte Teil der Horti die meiste Zeit des Jahres der Natur vorbehalten. Manchmal ist das ein wenig unpraktisch, da man nicht einfach durch die Blumenwiesen und Steingartenanlagen abkürzen kann, sondern ein paar Bögen laufen muss, um zum Ziel zu kommen.

Auf jedem Spaziergang durch die Horti begegnet man Insekten oder anderen Lebewesen, die sich hier wohlfühlen und heimisch geworden sind. Besonders stolz bin ich auf die Gelbbauchunken-Population im HI. Auf im HF gibt es eine Amphibienart der Roten Liste, den Laubfrosch. Unerfreulich sind die Nacktschnecken, die aber durch den Einsatz der Mulchwurst und deren regelmäßige Kontrolle gut in den Griff zu bekommen sind.

Auch die Wildbienen sind faszinierende Geschöpfe, die in Deutschland mit weit über 500 Arten vertreten sind. Obwohl sie einen besonderen gesetzlichen Schutz genießen, befinden sich viele von ihnen bereits am Rande des Aussterbens. Den meisten von diesen Insekten kann man nicht durch den Bau einer Nisthilfe helfen, da sie für den Nestbau ganz andere Dinge, wie Totholz und Sandarien, brauchen. Noch viel wichtiger sind die Nahrungsgrundlagen von Nektar und Pollen. Gut strukturierte Hotspotzonen und Pufferzonen bieten die passenden Bedingungen, auch für die so notwendigen einheimischen Pflanzen.

Wer mit offenen Augen unterwegs ist, wird überrascht sein, was es alleine bei den Wildbienen alles zu beobachten gibt. Vergessen Sie

Gewöhnliche Maskenbiene
Männchen und Weibchen

Maskenbienen zeichnen sich durch weiße oder gelbliche Gesichtszeichnungen aus und sind mit 6 bis 8 Millimeter Größe eher kleine Bienen. Sie sind echte Generalisten, sowohl hinsichtlich des Lebensraumes als auch in Bezug auf die Nahrungspflanzen. So suchen die Weibchen von Mitte Mai bis Anfang September oft künstliche Nisthilfen auf und tragen dort ihren Pollen ein. Die Niströhre wird mit einem transparenten Häutchen, das aus eigenen Körpersekreten gebildet wird, gegen Nesträuber verschlossen. Jede Bienenart baut ihren eigenen und somit typischen Nestverschluss aus anderen Materialien. So können über diese „Türen" an den Nisthilfen die Bewohner und Bauherren leicht ermittelt werden.

nie, dass Sie die einheimische Wunderwelt der Schmetterlinge, Käfer, Heuschrecken, Libellen usw. ebenso entdecken können.

Meine beiden Horti sind dynamische Systeme, die sich über die Jahre verändern – genau wie wir uns auch mit den Jahren verändern. Wir werden reifer, älter, vielleicht mit der Zeit bequemer, aber auf alle Fälle werden wir gelassener. Wir lernen dazu und immer weiter. Das ist der Sinn von anvertrautem Land.

Andere Gärten sind stationäre Systeme; sie sollen so bleiben wie in einer Momentaufnahme – immer gleich. Mit enorm viel Aufwand an Geld und Arbeit wird ein Abziehbild aus der paradoxen Vorstellung der Unnatur erhalten. Keine Vielfalt, Schönheit wird mit Ordnung verwechselt und den Nutzen sucht man vergeblich, auch wenn er mit dem Wort „Erholung" angegeben ist. Eines verändert sich aber auch dort: das Alter der Gärtner. Wenn Tod oder Krankheit ein Ende setzt, ist der Weg wieder frei für Veränderung. Bestenfalls verwildert der Garten und nähert sich mit seinem eigenen

Footprint wieder dem Wert Null. Ein gutes Ende am Schluss also für jedes Land. Land kann warten. Die Menschen nicht.

Auch ich nicht und so wird man mich bis zu meinem letzten Schnaufer weiter arbeitend, schaffend und pflegend beobachten können. Ein Hortusianer mit Dreck unter den Fingernägeln und einem pochenden Herzen mit einem wachen Blick voller Begeisterung für die Wunder der einheimischen Natur.

Hinter einem **kreativen Tor** liegt immer auch ein kreativer Hortus.

Hortus crescere patientia

DANIEL GIERSBERG

In der Mitte Deutschlands, genau genommen im Vogelsbergkreis in Hessen, liegt die Kleinstadt Lauterbach, die leicht von allen Seiten des Landes zu erreichen ist.

Auf dem Weg dorthin sehe ich verschiedenste Landschaften. Viel Wald, viele Felder, kleine Städte und Dörfer. Der Hortus crescere patientia, der Garten der wachsenden Geduld, von Natascha und Daniel liegt am Stadtrand in einem Freizeitgebiet mit mehreren größeren Grundstücken.

Entlang an Gärten mit viel Rasenflächen und geformten Hecken komme ich an eine auffällig breite und hohe Wildstrauchhecke mit einem kleinen, aber spektakulären Tor. Hier bin ich richtig.

Die beiden Hortusianer, gefolgt von den beiden Töchtern Leonie und Melina, begrüßen mich schon sehnsüchtig am Tor. Auf dem Arm von Daniel schaut mir der jüngste Nachwuchs neugierig zu, der kleine Lucien.

Hortus crescere patientia 107

32m
46m

Superbeete:

- Kartoffelturm
- Kraterbeet
- Kräuterspirale
- Mondsichelbeet
- Schlüssellochbeet
- Vulkanbeet

- Komposttoilette

Naturmodule:

- Holzkeller
- Nisthilfe
- Reisighaufen
- Sandarium
- Sonnenfalle
- Stehendes Totholz
- Steinhaufen
- Steinpyramide
- Wurmfarm
- Wurzelskulptur

Zerbrochene **Dachziegelstücke** formieren sich zu einer besonderen Pyramide.

Sofort nach dem Passieren des kleinen Eingangs in der Hecke bemerke ich Windstille und etwas angenehmere Temperatur. „Im Hortus herrscht ein eigenes Klima", erklären die beiden mir direkt.

Am Eingang fallen mir die gelagerten Dachziegel, Steine und alte Fenster für ein Gewächshaus auf. Ein kleines Zwischenlager, bevor diese Materialien verbaut werden. Wir laufen gemeinsam ein paar Meter unter zahlreichen alten Obstbäumen mit viel Totholz und Asthöhlen auf eine Steinpyramide zu.

Diese Pyramide ist Teil einer Hotspotfläche, genannt das Mitternachtsbeet, in der heimische Wildblumen wachsen, eingeschlossen von Trockenmauern und einem kleinen Tümpel. „Diese Fläche ist ausschließlich nach Mitternacht entstanden, in völliger Dunkelheit, nur bei leichtem Schein des Mondes. Für mich war es wie Meditation, nachts die Steine zu fühlen und sie geschickt zu einer Pyramide und Mauern zu stapeln", berichtet Daniel stolz.

Wir setzen uns unter einem Pavillon aus Metall und weißen Stoffbahnen auf einer gemähten Fläche, wo die Kinder Platz haben zum Spielen und Toben. Dieser Platz wird „grünes Wohnzimmer" genannt. So oft es geht, kommt die junge Familie aus der engen Wohnung in der Stadt hierher. Von hier aus hat man einen guten Rundumblick über das gesamte 1400 Quadratmeter große Grundstück in Hanglage.

Seit dem Zweiten Weltkrieg ist dieser Garten fast durchgehend bewirtschaftet. Zunächst für die Nahrungsversorgung, später als Ziergarten, dann fiel er durch Nichtbeachtung wieder in den Dornröschenschlaf. In dieser Zeit siedelten sich viele heimische Pflanzen und Tiere an. So wachsen nun neben den alten Obstbäumen Ahorn, Eiche, Hasel, Pfaffenhütchen, Faulbaum, Wildrosen, Schneeball, Weißdorn und weitere Arten.

Natascha und Daniel sind in der Großstadt aufgewachsen und lernen nun die Natur besser kennen. Bei der ersten Besichtigung des Grundstückes waren die ehemaligen Städter überwältigt von der enormen Vielfalt. Mittlerweile sind sie richtige Experten geworden. Der Wunsch nach einem eigenen Garten kam mit den Kindern und dem Bedürfnis, der Natur etwas Gutes zurückgeben zu wollen.

Das Hortus-Netzwerk im Internet sowie ein Besuch in meinen beiden Horti halfen ihnen, ihre Idee umzusetzen. „Wir hatten kaum Ahnung, wo wir anfangen sollten, was alles hier wächst und welchen Nutzen es für uns und das Leben um uns herum hat. So machten wir uns an das Beobachten und Lernen, rund um die Uhr, und wurden rasch belohnt mit der Entdeckung verschiedenster Wunder der Natur", erklärt mir Daniel. Zudem kam die große Ungeduld, was schließlich den Namen für den Hortus festlegte. Geduld wächst zusammen mit dem Garten.

Jetzt schauen wir uns aber alles einmal genauer an. Wir gehen vom „grünen Wohnzimmer" aus in die begehbare Pufferzone. Hier führt ein kleiner Weg entlang von Beerensträuchern zu einer roten Pyramide aus alten Dachziegeln. Die Ziegel sind im Inneren mit Löchern versehen, die von verschiedenen Wildbienen zum Nisten genutzt werden. Eine Blattschneiderbiene kommt gerade mit einem Blattstück geflogen und verschwindet in einem Loch. Gut zu erkennen ist die 50 Meter lange Benjeshecke, die in einer Schleife angelegt ist. Es gibt zwei weitere, kleinere Ziegelpyramiden, eine Steinpyramide, einen kleinen Sumpfteich, der reichlich bewachsen ist, und jede Menge Totholz. Ein Dickicht aus Hasel, Eiche, Wildrosen, Hartriegel und Faulbaum grenzt hier an das Nachbargrundstück. Eine kleine rote Bank lädt zum Verweilen ein.

Die beiden Töchter finden immer etwas, womit sie spielen oder das sie erforschen können. Sie verweilen nur kurz und springen wieder in ihren bunten Sommerkleidern davon.

Von hier geht es wieder ein Stück zurück, den Hang hinunter an Trockenmauern entlang, vorbei an einer 15 Meter hohen Salweide. Im Frühling ist unter diesem Baum ein regelrechtes Vibrieren von hunderten Bienen und Hummeln zu vernehmen. An der Pufferzone weiter geht es direkt zu der Ertragszone, die an der Grundstücksgrenze mit einer langen Benjeshecke und weiteren Wildsträuchern abschließt. Diese Fläche war früher nur Rasen mit ein paar Apfelbäumen. Nun soll in den kommenden Jahren auf den verbesserten Böden gesunder Ertrag in Form von Gemüse wachsen.

Daniel zeigt mir eine besondere Beetform, das Vulkanbeet. Es wurde das „Vogelsberger Vulkanbeet" getauft, da der Vogelsberg das größte

Ein **sonniger Morgen** im Herbst hat einen ganz besonderen Zauber.

zusammenhängende Vulkangebiet Mitteleuropas ist, erklärt Daniel. Mit Ziegeln umrandet, hat es eine Höhe von zwei Metern und ist am Rand begehbar. In der Mitte befindet sich ähnlich wie bei einem Schlüssellochbeet ein zentraler Komposthaufen, um Nährstoffe direkt an das Beet abzugeben.

Geplant ist noch ein großes Gewächshaus aus alten Fenstern. Die Anbaufläche ist dick gemulcht mit Mulchwurst. Alle drei Kinder bekommen ein eigenes Hochbeet zum Gärtnern.

Unter einer Walnuss und einem Ahorn laufend erreichen wir ein kleines Häuschen mit einer Terrasse. Natascha meint: „Das Haus hat nur 20 Quadratmeter, es ist klein, aber dennoch sehr gemütlich. Der Platz reicht zum Schlafen und Kochen. An kühleren Tagen kann auch mit einem kleinen Holzofen eingeschürt werden."

Von der Tür aus ist die Pufferzone wieder gut zu erkennen. Faulbaum, Liguster, Eberesche, Berberitze und Pfaffenhütchen, etliche davon haben giftige Beeren. Die jungen Eltern erklären ihren Kindern die Giftigkeit der verschiedenen Pflanzen und vieles mehr. Die Kinder sind sehr wissbegierig und verstehen sofort. So ist es noch nicht zu irgendwelchen fälschlichen Verkostungen gekommen, obwohl sich auch eine große Eibe, Aronstab, Maiglöckchen und Fingerhut im Hortus befinden.

Zum besseren Erkennen der Pflanzen wurden kleine Schieferplatten aufgehängt und beschriftet mit dem deutschen und dem botanischen Namen. Bei giftigen Pflanzen ist noch ein roter Punkt hinzugefügt, damit die Kinder schnell begreifen: „Das hier ist giftig." Leonie und Melina erkennen sofort die meisten einheimischen Pflanzen anhand der Blattform und Rinde.

Weiter geht es an dem Häuschen wieder zurück, unter dem Bergahorn entlang auf einem Hackschnitzelweg und den Hang wieder hoch. Links befindet sich ein kleiner naturbelassener Teich, der mit einem Steingarten, Sandarium und einer Kräuterspirale ergänzt wird, sobald mehr Material zur Verfügung steht. Rechts steht eine selbstgebaute Wildbienennisthilfe aus einem massiven Eichenbalken; die Löcher wurden in Form eines lachenden Gesichtes gebohrt. Leonie erzählt mir fröhlich: „Wildbienen sind ganz harmlos, wir können uns direkt davor hinsetzen und zugucken, wie sie in den Löchern verschwinden, um Eier zu legen."

Wenig dahinter befindet sich das Schlüssellochbeet als Ertragszone, ebenfalls aus alten Ziegeln errichtet und mit Holz aus der Pufferzone und Mulchwurst aus der Hotspotzone befüllt. Auch hier kann leckeres Gemüse geerntet werden. Dahinter ist die Grenze zum Nachbarn. Natascha meint noch: „Wir haben ganz liebe Nachbarn, mit denen auch mal Obst und Gemüse über den Zaun ausgetauscht und geplaudert wird."

Und schon stehen wir wieder vor der Steinpyramide unter den alten Obstbäumen. Ich sehe eine junge, glückliche und strahlende Familie, die sich neugierig auf ein Stück Land eingelassen hat. Die Strukturen wurden nicht großartig verändert, aber durch die Zonierung wurde vieles greifbarer und wirksamer gestaltet. Der Hortus zeigt ihnen, wie der Garten am schönsten ist und wo die wahre Schönheit in der Vielfalt der Lebensräume liegt – mit all seinen Bewohnern.

Ich bin begeistert und wünsche diese „wachsende Geduld" allen anderen jungen Familien in der Stadt und auch auf dem Land.

Garten-Blattschneiderbiene
Bezüglich der Nahrungspflanzen ist diese Biene nicht sehr wählerisch, weshalb sie auch im Siedlungsbereich noch recht häufig anzutreffen ist. Sie nistet sogar in der Erde von Blumentöpfen. Die Niströhren werden mit Blattstücken, die kreisrund oder länglich mit den Mandibeln von Blättern aus der Pufferzone ausgeschnitten werden, ausgekleidet und verschlossen.

Bepflanzte Firstziegel auf einem **Totholzstamm** bringen in eine feuchte Zone leicht trockene Standorte.

Hortus permaculturis

SIGRID NEPELIUS

Die Reise zu einem der flächenmäßig größten Gärten im Hortus-Netzwerk führt mich ins niederösterreichische Mostviertel zum Steinrieglhäusl.

Es ist eine lange, aber lohnenswerte Anfahrt. Mit den Hortusianern Sigrid und Peter bin ich bereits seit 2014 befreundet und freue mich auf ein Wiedersehen. Die letzte halbe Stunde kurve ich gemütlich durch die fürs Mostviertel so typische hügelige Landschaft mit Streuobstwiesen und Viehweiden. Im Rexnitztal gegenüber einer kleinen blau-weißen Kapelle befindet sich das Steinrieglhäusl. Am Ziel!

Ein langer Totholzzaun grenzt die geschotterte Parkfläche vom Damm eines zwischen Bäumen liegenden Teiches ab. Da kommen schon Sigrid und Peter in Gummistiefeln. Nach einer herzlichen Begrüßung erfahre ich, dass dieser Teich das einzig vorhandene Naturmodul war, als die beiden eingezogen sind. Wir gehen an einer der Schafweiden und dann rechts zwischen Teich und Hang entlang. Hier ist nach der Terrassierung des Hanges eine kleine

Hortus permaculturis 113

324m
80m

Superbeete:

- Kartoffelturm
- Kraterbeet
- Kräuterspirale
- Mondsichelbeet
- Schlüssellochbeet
- Vulkanbeet

- Komposttoilette

Naturmodule:

- Holzkeller
- Nisthilfe
- Reisighaufen
- Sandarium
- Sonnenfalle
- Stehendes Totholz
- Steinhaufen
- Steinpyramide
- Wurmfarm
- Wurzelskulptur

Feuchtwiese mit Tümpeln entstanden; mittlerweile erobern Binsen, Seggen und andere feuchtigkeitsliebende Pflanzen das Terrain. Dieser Feuchtbereich darf sich relativ frei entwickeln, nachdem eine andere Nutzung ohnehin nicht mehr in Frage kommt. So entsteht ein wertvoller Lebensraum. Der Blick auf den Teich ist fast schon romantisch.

Sigrid berichtet von der jährlichen Grasfrosch-Invasion mit unzähligen Tieren, die hierher zum Laichen kommen. Sogar eine Ringelnatter lässt sich blicken. Libellen kreisen über einem Teppich aus Wasserlinsen, die den größten Teil der Wasserfläche bedecken. Peter erklärt mir, dass der Teich vom Drainagewasser des Nachbarn weiter oben am Berg gespeist wird und schmunzelt: „Der Baggerfahrer, der

Eine geringe **Schotterauflage** verbessert sofort die Bedingungen für Hotspot-Pflanzen.

Hinter der Ertragszone liegt noch genügend Land für **zukünftige** Gestaltungen.

den Graben von der Drainage zum Teich gezogen hat, war begeistert und meinte, das wäre ja ganz was Neues für ihn. Überall würden hier auf den Wiesen und Weiden Drainagen verlegt, um Wasser wegzuleiten – und wir machen das Gegenteil." Das Überwasser läuft übrigens in den Bach, der sich am Haus vorbei am Grundstück entlang schlängelt. Diesen überqueren wir über eine selbstgebaute Holzbrücke und stehen vor dem von Winterjasmin und Holunder überwachsenem Tor am Eingang zum Hausgarten.

„Das war früher alles Wiese", sagt Sigrid. Kaum vorstellbar, denn die einzige Wiese, die ich jetzt noch sehe, ist ein schmaler Wiesenweg zum Komposthaufen. Ein Bruchschotter-Weg windet sich Richtung Haus, ich schaue mich um – wuchernde Beete, wohin man blickt, eingerahmt von Sträuchern. Duftende Kräuter an den sonnigen Stellen, im Schatten unter dem ausladenden Dach einer alten Wildrose gedeihen schattenliebende Gewächse. An die Hauswand gestellt befindet sich die Pflanzenkinderstube, in der zahlreiche Kräuter und Wildstauden vermehrt werden.

Den Hauseingang zieren Töpfe mit Wildstauden zwischen Wurzelstöcken; im Staudenbeet zur Straße hin lugt ein Mini-Teich mit Steinen und Wurzelstücken hervor. „Hier war ein Wiesenstreifen mit einer Thujahecke dahinter", sagt Peter. „Grauenhaft – die haben wir gleich mal radikal entfernt. Uns gefällt es wild und kunterbunt durcheinander wuchernd viel besser." Stimmt. Wer es aufgeräumt mag, wird im Hortus permaculturis nicht auf seine Kosten kommen.

Aber warum eigentlich Hortus permaculturis? Während wir entlang von Staudenbeeten ums Haus gehen, erzählt Peter, dass die beiden seit 2010 dabei sind, mithilfe der Permakultur auf den ursprünglich nur aus Wiesen und geschlägertem Wald bestehenden 26 000 Quadratmetern verschiedene Bereiche zu schaffen. „Ganz ohne Traktor übrigens, und manchmal ziemlich blauäugig." Nach unterschiedlichen Ideen für das Grundstück liegt der Fokus der beiden Hortusianer nun verstärkt auf der Schaffung von möglichst vielen unterschiedlichen Lebensräumen für Vögel, Insekten, Amphibien und andere Lebewesen, also Naturmodulen und Hotspotzonen. Außerdem ist die Permakultur für die beiden längst zur Lebenseinstellung geworden, die nicht nur den Garten betrifft, sondern in viele Lebensbereiche mit hineinspielt. Das biozertifizierte Projekt von Bio-Permakultur Steinrieglhäusl wurde vor Kurzem in Hortus permaculturis umbenannt. „Die Hortus-Philosophie passt genau zu uns", sagt Sigrid begeistert. „Beim Lesen deines Buches haben wir ganz viele Parallelen entdeckt. Unter anderem auch, dass wir die beschriebenen Drei Zonen bereits integriert hatten: Bei uns hat fast jeder Gartenbereich seine eigene Pufferzone; unsere Ertragszonen sind der Genussgarten und die Obstwiesen. Hotspotzonen haben wir immer wieder zwischendrin eingebaut, außerdem sind wir dabei, unsere Fettwiesen sukzessive durch Beweidung mit unseren Waldschafen und durch Mähen abzumagern. Wer permakulturell arbeitet und dabei nicht nur den Nutzen für sich, sondern das große Ganze im

Knautien-Sandbiene
Die Knautien-Sandbiene ist eine Spezialistin. Sie fliegt vor allem auf die Wiesen-Knautie. Intensive Düngung und häufige Mahd der Wiesen lassen diese Blumen und die Biene verschwinden. Den so bedrohten Spezialisten kann man nur durch das Anpflanzen ihrer benötigten Pflanzen in einer mageren Hotspotzone helfen.

Kopf hat, gestaltet eigentlich fast schon automatisch einen Drei-Zonen-Garten."

"Also haben wir uns dem Netzwerk angeschlossen und seitdem sprudeln in unseren Köpfen ganz viele neue Ideen. Wir wissen gar nicht, wo wir zuerst anfangen sollen!" lacht Peter.

Inzwischen haben wir den Bach ein weiteres Mal überquert und folgen einem ansteigenden Weg vorbei am revitalisierten alten Erdkeller, am Holzlager und an einem weiteren Staudenbeet mit vielen Wildpflanzen. Viele kommen von selbst und dürfen bleiben, eingegriffen wird nur sehr behutsam. Generell haben Peter und Sigrid eine sehr liebevolle Beziehung zu ihrem Garten: Alles hat seine Berechtigung, nichts wird bekämpft. "Ich will Harmonie und Frieden im Garten, keinen Kampf", sagt Sigrid und erklärt, dass für sie jedes massive Vorkommen von Pflanzen oder Tieren einen Grund hat, der etwas mit Ungleichgewicht zu tun hat. Sobald sich Gleichgewicht einstellt, verschwinden lästige Pflanzen oder Tiere von selbst.

Nachdem wir einen kleinen Teich passiert haben, stehen wir vor einem mit Wildholz eingezäunten Bereich: hier entsteht der Recycling-Garten. Das klingt spannend! Mein Blick wandert über den dahinterliegenden Totholzzaun den Hang hinauf, der mit Disteln übersät ist. Der Distelhang soll als solcher erhalten bleiben, weil er ein wichtiger Lebensraum ist. Dahinter erstreckt sich der Niederwald. Flächen wie diese tragen dazu bei, dass zahlreiche Vogelarten im Hortus permaculturis zu finden sind und bereits 40 Schmetterlingsarten fotografiert und bestimmt werden konnten.

Nachdem wir an einem weiteren langen Totholzzaun vorbeigegangen sind, stehen wir im allein etwa 1 700 Quadratmeter großen Genussgarten. Hier gedeiht Bio-Gemüse – vorwiegend alte und ausnahmslos samenfeste Sorten – sowie zahlreiche Beerensträucher, Obst, Wildobst und Kräuter. Mittels verschiedenster Elemente werden permakulturelle Ansätze sichtbar gemacht: Das Ziegelbeet speichert Wärme, das Terrassenbeet gleicht die ungünstige Nordhanglage aus, das rückenschonende Schlüssellochbeet erwärmt sich rasch, Knollenziest in der Badewanne kann sich nicht ungehemmt ausbreiten und schlangenförmige Mulchstreifen bieten Kürbissen ausreichend Platz und Nährstoffe. Auch einen kleinen Waldgarten gibt es zu sehen und viele weitere Pläne und Ideen warten bereits auf Umsetzung.

Wir verlassen den Genussgarten im Süden und betreten den Insektengarten. Vorbei an Sumpfzone, Heuhütte und Wintergehege der Schafe, öffnet sich der Blick auf die geschwungene Wasserfläche und die mit Rohrkolben, Schilf und diversen Wildpflanzen bewachsenen Uferbereiche des großen Teiches. Dieser wurde als Rückhaltebecken angelegt, um die Gemüseflächen vor dem vom Hang kommenden Wasser zu schützen. Gespeist wird er über einen kleinen Bachlauf aus einer geöffneten Drainage. Steinbänke und Ziegelbeete beherbergen die für Insekten so wichtigen Magerstandort-Pflanzen. An die fünfzehn Libellenarten leben hier, sowie Ringelnattern, Molche und Frösche.

Sigrid und Peter verraten mir, dass im kommenden Jahr oberhalb des Teiches ein umfangreicher Ausbau des Insektengartens mit vielen spannenden Elementen geplant ist. Angedacht sind Superbeete, die ausgeführt als Hotspotzone sowohl den Insekten die richtigen Pflanzen als auch den Besuchern einen echten Hingucker bieten. Ergänzt wird die Gestaltung dann noch mit Naturmodulen, wie dem Sandarium oder Totholz. Dieser Bereich wird neben dem Genussgarten in Zukunft der Höhepunkt bei den Führungen im Hortus permaculturis sein und hoffentlich viele Besucher von der Wichtigkeit solcher „wilden" Gärten überzeugen. Denn erst, was unmittelbar erlebt wird, kann auch verstanden werden. Was verstanden ist und funktioniert, wird auch kopiert und nachgeahmt.

Ich bin schlichtweg beeindruckt. Ein Paradies ist hier entstanden. Größer als meine beiden Gärten Hortus insectorum und Hortus felix zusammen. Wir wissen alle drei, was das auch arbeitstechnisch bedeutet. Warum wir das tun? Für die Natur und letztendlich für uns selbst. Da sind wir uns einig.

Hortus Romanticus

KARIN BRENNER

Heute fahre ich in den nördlichsten Teil Mittelfrankens, in die Gemeinde Oberdachstetten. Nicht weit weg von meinen beiden Horti. Hier möchte ich den Hortus Romanticus und Karin besuchen. Wir kennen uns schon gute zehn Jahre.

Im alten Ortskern hat sich teilweise der Charme durch typisch fränkische Fachwerkbauten erhalten können. Der Flächenfraß und somit die Gier nach Gewerbesteuer ist hier, Gott sei Dank, noch nicht angekommen. Einem Zeitungsbericht zufolge bezeichnet sich dieses Dorf am Ursprung der Fränkischen Rezat als „arm aber sexy!". Zweifellos ist so eine Aussage interessant für jegliche Art des sanften Tourismus.

Eine Straße noch abgebogen, dann befinde mich in einem Wohngebiet aus den 80er-Jahren, gepflegt und auf echtem Siedlungsgarten-Niveau.

Haselnuss-Ruten in alte Balken gesteckt, ergeben das Grundgerüst für ein spektakuläres Gewächshaus.

Hortus Romanticus 119

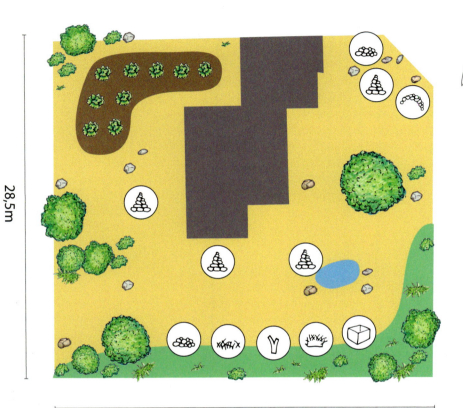

Superbeete:

- Kartoffelturm
- Kraterbeet
- Kräuterspirale
- Mondsichelbeet
- Schlüssellochbeet
- Vulkanbeet

- Komposttoilette

Naturmodule:

- Holzkeller
- Nisthilfe
- Reisighaufen
- Sandarium
- Sonnenfalle
- Stehendes Totholz
- Steinhaufen
- Steinpyramide
- Wurmfarm
- Wurzelskulptur

Es ist eine Überraschung, denn mitten drin ist etwas anderes: ein üppig, mit bienenfreundlichen Pflanzen bestücktes, langes Magerbeet am Straßenrand und auf öffentlichem Grund. Dann erscheint der Gehsteig und ohne Zaun abgetrennt ein fast 3 Meter hoher und 20 Meter langer Erdwall, bepflanzt mit Vogelbeere, Felsenbirne, Weißdorn, Schlehe und bienenfreundlichen Rosen. Für einen Siedlungsgarten mit 800 Quadratmeter eine enorme Pufferzone! Hier liegt ein Totholzhaufen aus vielen Wurzelstöcken und heimischem Totholz und mittendrin stehen gut sichtbar zwei Schilder: „Hier blüht es für Bienen, Hummeln und Co." und „Ein Garten für die Artenvielfalt – hier tobt das Leben und nicht der Rasenmäher!"

Ich nähere mich der großen gepflasterten Hofeinfahrt. Üblicherweise stehen auf diesen Flächen mindestens zwei Autos. Stattdessen dominiert hier ein großes, mit Sandsteinen umrahmtes Magerbeet. Direkt auf dem Hofpflaster angelegt, wachsen hier erstaunlich viele Wildpflanzen. Wenige Meter weiter steht ein anderer Hotspot: Ein Mülleimer-Häuschen verdeckt die Plastiktonnen und ist liebevoll aus altem Baumaterial gebaut. Auf dem Dach wachsen Sedum, Hauswurz und andere Trockenpflanzen.

Wenn man die Anlage genau betrachtet, sind noch die einstigen Spuren eines normalen Siedlungsgartens erkennbar. Das muss nicht von Nachteil sein, sondern gibt der Anlage eine gewisse Struktur. Eine Umarmung und schon redet Karin los: Mehr Natur in den Garten zu lassen, war total einfach. Die kontinuierlichen Todesfälle von exotischen Pflanzen habe sie einfach durch vitale und robuste heimische Stauden und Sträucher ersetzt.

Die vielen englischen Rosen, Forsythien oder Thujen wurden so schrittweise und konsequent entfernt. Dass ihr Garten mittlerweile ein großer Kreislauf ist, ist extrem wichtig. Wenn das Gleichgewicht zwischen Nützlingen und Schädlingen stimmt, erledigt sich Schädlingsbekämpfung mit Gift von selbst. Deshalb hat sie viele Bäume für die fleißigen Singvögel angepflanzt und altes Astmaterial und Herbstlaub auf den Erdwall geschlichtet. Dies alles ergibt den idealen Unterschlupf für ihre fleißigen Gartenhelfer. Nützlinge wie Amsel, Meise, Igel, Spitzmaus, Laubfrosch, Glühwürmchen und Zaunkönig fühlen sich in der dichten Bepflanzung wohl.

Auf einem kleinen Sandsteinplatz stehen zwei Bienenvölker. Die fleißigen Bienen bestäuben etliche kleine Obstbäume und auch die Fruchtgehölze der Nachbarschaft.

Der Garten soll Besuchern auf den Führungen Kreisläufe verdeutlichen und die Wandlung eines normalen Siedlungsgartens zu mehr Natur im Sinne eines „Drei-Zonen-Gartens" veranschaulichen. Viele Gartenfreunde hat er schon inspiriert und Lust zum Nachmachen vermittelt!

Das kleine Wohnhaus mit hellblauen Fensterläden und einem fantasievoll gestalteten Hauseingang ist dekoriert. Hier hängen an langen Schnüren die verblühten Samenstände von Zierlauch und andere Naturmaterialien von der Decke. Ich entdecke viele alte historische Sandsteine und Elemente aus rostigem Gusseisen. Im Garten sind überall solche Deko-Elemente wunderbar mit eingewachsen und mit der Vegetation verschmolzen. Wie gut, dass dieses alte Material hier wieder zum Leben erweckt wird und seine eigene Geschichte erzählen kann. Klar muss dieser Hortus den Namen „Romanticus" tragen.

Die verschlungenen Gartenwege bestehen aus heimischen alten Steinen und werden umsäumt von historischen oder wilden Rosen, denn bei diesen finden die Insekten noch Nektar und Pollen.

Der Erdwall an der Südseite zur Straße dämpft den Lärm der Autos, bietet Sicht- und Windschutz. Er wirft angenehmen Schatten in den inneren Gartenteil mit einer Senke, die bis vor 10 Jahren noch dauerhaft etwa 60 Zentimeter Wasserstand hatte.

Heute, auch als Folge der herrschenden Trockenheit Mittelfrankens, reicht das Wasser nur noch für einen kleinen Froschtümpel und einen Holzsteg als Sitzplatz in einem Senkgarten – rundum dicht bewachsen mit einer Mischung aus heimischen Sumpf- und klassischen Gartenpflanzen. Bei Regen wird jeder Tropfen Dachwasser über ein Rohr in diese Senke geleitet.

Der Weg führt uns vorbei an einen lichten Schattengarten bedeckt mit dem dichten Blattwerk der Lenzrosen. Nun regiert Phlox und Mädesüß, einige der wenigen noch blühenden Pflanzen im August und sehr wichtig für die Versorgung der Bienen mit Nektar. Rechts in

Jedes Gefäß kann **bepflanzt** werden, denn jede Blüte zählt.

Upcycling alter Scheunenbalken für ein Hochbeet.

der prallen Sonne befindet sich ein neu angelegter Hotspot. Mit Totholz, Sandarium und gestapelten handgestrichenen, historischen Dachziegeln, ist er ein idealer Unterschlupf für viele Nützlinge. Dahinter ein großzügiger Wintergarten, der sich weit in die Vegetation vorschiebt und einen geschützten Raum auch an kalten und regnerischen, also ungemütlichen Tagen mitten im Garten bietet.

Der größte Teil der Anlage verfügt über wenig bis gar keine Humusauflage. Dies war nicht beabsichtigt, denn der komplette Humushaufen des Bauplatzes wurde bei Beginn der Bauphase des Hauses einfach gestohlen. Ein Glücksfall im Nachhinein, aber damals sehr ärgerlich. Sicher lebt der Humus irgendwo in der Nähe als Rasen, mit ein paar traurigen Rhododendren und Staudenbeeten ohne Insektenleben weiter. Durch diesen Diebstahl blieb das Gelände von Anfang an mit Nährstoffen unterversorgt, also abgemagert.

Einen Rasen will Karin nicht; sie hasst das Geräusch des Rasenmähers und hat sich deshalb eine kleine Magerwiese angelegt, die sie ein- bis zweimal im Jahr mit einer Handsichel einkürzt und die getrocknete Mahd im Gemüsegarten als Abdeckmaterial verwendet. Momentan ist die Magerwiese mit Wilder Möhre, Karde, Natternkopf, Witwenblume, gelbem Steinklee und anderen heimischen Pflanzen besiedelt. Viele Hummel- und Wildbienenarten kann man hier entdecken. Im Frühling erfreut die Wiese mit dem Farbenspiel hunderter Wildtulpen, Narzissen und Wildkrokussen. Unmittelbar daneben thront ein riesiger Haufen mit Acker-Lesesteinen, willkommener Unterschlupf für viele Nützlinge.

Nach dem Steinhaufen habe ich das Gefühl, mich in einem mystischen, rundum geschützten, mittelalterlichen Gemüsegarten zu befinden, liebevoll bis ins Detail angelegt: Ich sehe alte Holzbalken, die zu Hochbeeten geschichtet wurden, einen Gewächshaustunnel, das Gerippe aus langen Haselruten und daneben einige hohe Rundbeete aus altem Holzmaterial. Diese Ertragszone hinter dem Haus betreibt Karin nach permakulturellen Grundsätzen. Es gibt Kartoffelsilos für den Anbau auf wenig Raum. Am eigenen Mulchmaterial mangelt es, aber Nachschub gibt es vom netten Nachbarn. Für ihn löst sich sein Entsorgungsproblem und für beide ergibt sich eine Win-Win-Situation.

Bei sonnigem Wetter trocknet Karin den Rasenschnitt auf der gepflasterten Einfahrt, ideales Abdeckmaterial für die Ertragszone. Gut getrocknet und in Säcke gefüllt ist es auch noch bis ins nächste, späte Frühjahr vorhanden. Durch ständiges Mulchen trocknen die Beete nie aus, ein aufwendiges Bewässern ist nicht nötig. Gedüngt wird das Gemüse mit Brennnesselbrühe und Kompost, hier können sich die Bodenlebewesen optimal entwickeln und die Erde bleibt dauerhaft fruchtbar.

Im Anschluss führt mich Karin in einen Teil ihrer Garage, die zur Naturwerkstatt umgebaut wird. Der Ausbau und die Ausstattung sind ausschließlich aus gebrauchtem Material, dekorativ und sehr sehenswert. Sobald die Arbeiten abgeschlossen sind, möchte Karin hier Workshops für „Kreatives mit Naturmaterial" anbieten.

Mehr Infos gibt es auf: www.naturwerkstatt-hortus-romanticus.de.

Waldpelzbiene Die Waldpelzbiene profitiert von totem und abgestorbenem Holz im Garten, denn dort legt sie nagend ihre Brutzellen an. Sie ist nur noch sehr selten anzutreffen, weil sie zum Pollensammeln auf einige wenige Blüten spezialisiert ist. Ihre Hauptnahrungspflanze ist der schattenverträgliche Waldziest, der sich wunderbar als Unterpflanzung in der Pufferzone eignet.

Hortus rivalis

LISA STING

Dieses Mal fahre ich in das schöne wald- und niederschlagsreiche Siegerland. Kein Wunder, dass der Hortus, den ich heute besuchen möchte, direkt an einem Bachlauf, namensgebend für den Garten, liegen soll.

Endlich angekommen, ist zunächst von einem Bach weit und breit nichts zu sehen. Allerdings fällt mir sofort ein üppiges Gründach auf, das auf einem stattlichen Carport positioniert ist. Noch während ich mir das farbenfroh blühende Dach beeindruckt von unten anschaue, öffnet sich die Tür und die nette Gartenbesitzerin Lisa Sting nimmt mich herzlich in Empfang. Schon viele Jahre kennen wir uns über Facebook und die Gruppe Hortus-Netzwerk. Viele Fotos habe ich schon von ihrem Paradies gesehen, meistens in tollen Collagen kombiniert, die auf sehr großes Wissen und Verständnis der Natur schlie-

Nach getaner Arbeit entspannt das Leben in seiner Vielfalt *genießen* – das ist Hortus.

Superbeete:

- Kartoffelturm
- Kraterbeet
- Kräuterspirale
- Mondsichelbeet
- Schlüssellochbeet
- Vulkanbeet

- Komposttoilette

Naturmodule:

- Holzkeller
- Nisthilfe
- Reisighaufen
- Sandarium
- Sonnenfalle
- Stehendes Totholz
- Steinhaufen
- Steinpyramide
- Wurmfarm
- Wurzelskulptur

Solch eine Blütenpracht ohne jemals zu gießen geht nur auf abgemagerten Flächen.

ßen lassen. Direkt neben der Haustür steht eine üppige Blumenrabatte, die hauptsächlich aus blauen und weißen Blüten besteht. Lisa erklärt mir, dass sie alle ihre Pflanzen in ihrem Hortus fast ausschließlich nach der Nützlichkeit für Insekten auswählt. Mir war von vornherein klar, dass ich es hier mit einer Vollblut-Hortusianerin zu tun habe. Aber wo sollen denn jetzt der Bach und der Garten sein?

Als ob Sie meine Frage erahnt hätte, lädt Lisa mich ein, ihr nach unten links vorbei am Haus in den eigentlichen Garten zu folgen. Also gehen wir, einer kleinen geschwungenen Treppe folgend, hinter das Haus, wo ich schon eher eine Vorstellung von dem Garten bekomme als im Eingangsbereich. Sie lägen ziemlich steil am Hang, meint Lisa, weshalb man von der Straße aus den Garten nicht im Ansatz sehen könne. Hinter dem Haus angekommen, fallen mir sofort die großzügigen und dazu noch sehr dekorativen Wildbienennisthilfen an der Südseite des Hauses auf. Für alle verschiedenen Wildbienen ist etwas dabei. Aufgestellt sind Nisthilfen aus großen Holzstücken, Bambus- und Papierröhrchen sowie Ton- und Strangfalzziegeln. Auch die Frühlingspelzbiene nistet hier in der selbstgebauten Steilwand-Nisthilfe aus Sand. Die Sonne brennt unermüdlich auf die Terrasse hinter dem Haus, was den Nisthilfen zugutekommt, uns aber schnell zu warm wird.

Auf der Suche nach einem etwas schattigeren Plätzchen folge ich Lisa, endgültig vom Haus weg führend, einen steilen Weg aus Rindenmulch den Hang hinab. Dabei eröffnet sich mir ein spektakulärer Blick auf den ganzen Hortus, den man von hier oben komplett überblicken kann. Es ist ein kleines geschütztes Paradies, fernab vom Lärm der Straße in einem kleinen Tal gelegen. Auf dem ganzen Weg nach unten schweift mein Blick immer wieder nach rechts, wo sich die riesige Hotspotzone des Hortus erstreckt. Wahnsinn, höre ich mich sagen und frage mich, wie die beiden (denn es gibt auch noch einen zupackenden und kräftigen lieben Ehemann) das bewerkstelligt haben, ein solches Blumenmeer an einem so steilen und unwegsamen Gelände zu gestalten.

„Viele denken ja, wir hätten den Hang von Gartenlandschaftsbauern machen lassen, aber dem ist nicht so", bemerkt Lisa. Lediglich die Aufschüttung und Verdichtung für das Haus hat ein Bauunternehmen geleistet. Damals standen die beiden ziemlich verloren da mit einem riesigen Hang aus Recyclingmaterial, der schon bald von Quecke und Ackerwinde überwuchert war. Als dann endlich Zeit und Geld für die Außenanlage vorhanden war, wussten die beiden zunächst nicht, wie sie die Bepflanzung des steilen Hangs bewerkstelligen sollten. Humus hätte mühevoll aufgetragen und befestigt werden müssen. Ein mühseliges Unterfangen, das bestimmt nicht ohne Probleme zu meistern gewesen wäre.

Warum also nicht Pflanzen setzen, die es mager und absolut sonnig mögen. Der Plan für eine perfekte Hotspotzone war geboren. Nach gut zwei Jahren und gemeinsamen Arbeitseinsatz hat sich der vorher verwachsene Hang in ein üppiges und vielfältiges Blütenmeer verwandelt. Mir fällt auf, dass die rechte Seite der Hanganlage mit einer riesigen Steinmauer abgefangen ist. Ein Tummelplatz für Insekten und Eidechsen, die sich an den sonnenerwärmten Steinen ausgiebig aufwärmen. Die knapp 25 Tonnen Material haben Lisa und ihr Mann selbst verbaut und mit Kalkschotter ausgefugt. Darauf dürften sie noch heute voller Stolz sein.

Der ganze Hang wirkt noch viel beeindruckender, da sich an seinem Fuße ein großzügiger Naturteich erstreckt. Lisa erklärt mir, dass sich mit dem Bau des Teiches ein großer Wunsch erfüllt hat. Gemeinsam gehen wir den Steg am Rande des Teiches entlang und sehen Molche, Kaulquappen und allerlei Libellen im und am Wasser. Ich lasse meinen Blick über die Wasseroberfläche schweifen und sehe am gegenüberliegenden Ufer einen mächtigen Baumstamm und eine riesige Baumwurzel im Halbschatten liegen. Die Wurzel war ein Geschenk von jemandem, der sie gerne loshaben wollte, und den Baumstamm hat Lisa einem Feuerholzhändler abgekauft. Dieser tolle Buchenstamm ist mindestens 70 Jahre alt und viel zu schade, um einfach verfeuert zu werden. Das Totholz in den Garten zu holen, war allerdings nicht ganz einfach, da beide Exemplare zwischen 2 und 3 Tonnen wiegen. Dies konnte nur mit Autokran und Bagger bewerkstelligt werden. Aber für die Käfer, die dort leben, war uns auch diese Mühe wert, bemerkt Lisa voller Überzeugung.

Wir gehen am Teich vorbei und dann höre ich etwas, ein hintergründiges Murmeln und Plätschern. Jetzt höre ich endlich den namensgebenden Bach. Ich kann das Wasser zwar noch nicht sehen, aber schon deutlich die Kühle spüren, die an diesem heißen Tag richtig erfrischend wirkt. „Du suchst bestimmt den Bach", bemerkt Lisa richtig und zeigt mir, dass er sich als eine Art Grundstücksgrenze, gesäumt von Bäumen und Büschen, hinter einer meterlangen Totholzhecke an dem südlichen Ende des Grundstücks erstreckt.

Dieser Hortus hat eine stark ausgeprägte Pufferzone, die vor allem Haselsträucher, gemeine Schneebälle, Weiden und stattliche Traubenkirschen bilden. Die bei dem hin und wieder durchgeführten Verjüngungsschnitt anfallenden Äste und Zweige werden nicht etwa weggefahren, sondern sogleich in die Benjeshecke eingeflochten. Durch ihre dichte Beschaffenheit fungiert dieses Naturmodul als Nistplatz für den Zaunkönig. Lisa ist aber auf einen anderen Bewohner der Pufferzone ganz besonders stolz: die scheue und putzige

Haselmaus. Dass dieser schon sehr seltene Bilch überhaupt in ihrem Garten vorkommt, hat Lisa eher zufällig entdeckt. Bei einer Nistkastenreinigung im Oktober vor ein paar Jahren hatte sie es mit einem Kasten zu tun, der untypischerweise fast randvoll mit Moos gefüllt war. Bei der weiteren Überprüfung entdeckte sie dann eine Haselmaus, die sich schon auf die Winterruhe vorbereitet hatte. Lisa war sofort Feuer und Flamme. Vorsichtig wurde der Kasten wieder verschlossen und zurückgehängt. Dann forschte Lisa über alle wissenswerten Fakten dieser Rote-Liste-Art in Büchern und im Internet. Um dieses Tier noch besser zu unterstützen, wurden noch im Herbst etliche spezielle Nistkästen angebracht und all ihre Futterpflanzen, nämlich rote Heckenkirsche, Waldgeißblatt und Gartengeißblatt sowie Faulbaum und Brombeeren, gepflanzt und in die Pufferzone integriert. Lisa ist beim Thema Haselmaus mit voller Seele dabei und man kann ihre Liebe zur Natur besonders deutlich spüren.

Einen großen Teil des Grundstücks bildet eine artenreiche Wiese, die noch von Hand gesenst wird und auf der eine weitere Hotspotzone aus Grauwacke und Kalkschotter angelegt ist. Dort steht auch ein Gewächshaus. Das Mähgut wird komplett als Mulchwürste ins Gemüsebeet gebracht. Hinter einem schlichten Lattenzaun liegt die Ertragszone, ein Gemüsegarten mit Kreuzgängen aus Rindenmulch. Hier pflanzen Lisa und ihr Mann ihr eigenes Gemüse ganz ohne synthetische Dünger oder Gifte. Sofort erblicke ich den niedlichen Hühnerstall, der einem Hexenhaus gleich auf Stelzen steht. Hier leben glückliche Hühner, die täglich frische Eier legen und, wenn sie das nicht mehr leisten können, in den wohlverdienten Ruhestand gehen. Auffallend ist, dass alles hier im Hortus nicht nur nützlich ist, sondern auch immer schön und liebevoll aussieht.

Ohne den lieben Mann wäre das hier alles nicht möglich, denn er hat das handwerkliche Knowhow und bringt auch immer wieder tolle Sachen wie Steine, Totholz mit, die als Naturmodule im Hortus integriert werden können. Dieser gelungene und einmalige Hortus beweist, wie schön Naturschutz sein kann.

Wir verabschieden uns und ich bin gespannt, wie sich der Garten weiterentwickeln wird.

Gehörnte Mauerbiene Eine der häufigsten Arten an Nisthilfen ist die Gehörnte Mauerbiene. Die kleineren Männchen sind leicht an der weißen Gesichtsbehaarung zu erkennen. In der Paarungszeit Ende März bis Anfang April summt und brummt es bei Temperaturen über 12 Grad Celsius und Sonnenschein an der Nisthilfe gewaltig. Die Paare lassen sich zu Boden fallen um weiteren Bewerbern möglichst aus dem Weg zu gehen.

Die Ertragszone in einem Hortus kann auch **klassisch** ausgeführt sein.

Kreativität schon beim eigenen **Namenschild** – das gibt es nicht zu kaufen.

Hortus pusilli

CLAUDIA HAHN

In der unterfränkischen Weinbauregion an der Mainschleife, klimatisch begünstigt, liegt der kleine Hortus pusilli. Auf dem Weg dorthin fahre ich durch eine Landschaft, die vom Weinanbau geprägt ist.

Bald erreiche ich den „Gänsewasen" im kleinen Örtchen Zeilitzheim. Ein überraschend großzügiger Platz, umsäumt von Häusern unterschiedlichster Art, wurde früher von den ansässigen Leinwebern genutzt, um den Lein nach dem Brechen, Schwingen und Hecheln ausgelegt zu trocknen. Claudia und Roland winken freudig und erwarten mich schon. Ganz aufgeregt über den Besuch bellen die beiden Cockerspaniel Paul und Polly.

Gleich im Eingangsbereich dominiert ein alter Holztrog, der mit Sand gefüllt ist. Sempervivum wächst in diesem Mini-Sandarium, dekorativ arrangiert mit Steinen und einer alten Baumscheibe, die in Herzform gewachsen ist. Mit kleinen Kieselsteinen ist der Name „Hortus pusilli" in den Sand gelegt. Direkt daneben steht eine alte Zinkwanne, in der es gerade wunderschön blüht. Kartäusernelke und Fenchel wachsen hier gemeinsam mit einer Kratzdistel.

Superbeete:

- Kartoffelturm
- Kraterbeet
- Kräuterspirale
- Mondsichelbeet
- Schlüssellochbeet
- Vulkanbeet

- Komposttoilette

Naturmodule:

- Holzkeller
- Nisthilfe
- Reisighaufen
- Sandarium
- Sonnenfalle
- Stehendes Totholz
- Steinhaufen
- Steinpyramide
- Wurmfarm
- Wurzelskulptur

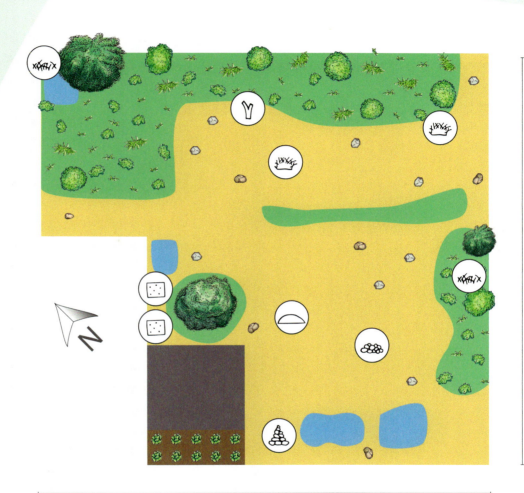

Steine verändern immer das Mikroklima und begünstigen wertvolle Insektenpflanzen.

Während wir durch das kleine Holzgartentor eintreten, erzählt Claudia: „Am Anfang, nachdem ich dein Buch gelesen und deine Gärten besucht hatte, dachte ich nicht, dass es möglich wäre, in unserem 80 Quadratmeter kleinen Garten das Drei-Zonen-Prinzip umzusetzen. Doch so nach und nach – auch angeregt durch viele Beispiele anderer Hortusianer – entstand unsere kleine Oase. Wir haben mit Fantasie die Drei Zonen auf etwas andere Art umgesetzt und in kürzester Zeit sind viele kleine Lebewesen bei uns eingezogen."

Die Hunde haben mich schon ins Herz geschlossen und werden, jetzt ganz ruhig, nicht mehr von meiner Seite weichen.

Gleich auf der linken Seite ist ein buntes Bauernbeet zu entdecken. Es blüht und summt aufgeregt in der Wärme der Sonnenstrahlen. Die Minze verströmt ihren frischen Duft und auf den violetten Blüten tummelt sich eine bunte Insektenschar. Dazwischen lachen uns die knallig pinkfarbenen Blüten der Lichtnelke an und eine Kletterrose rankt sich kräftig hoch Richtung Balkon. Abgeschirmt zur Straße durch einen großen alten Fliederbusch und eine wunderschöne Malve kann sich hier das Leben entfalten.

Eine große Klette hat sich selbst auf dem kleinen Sandbeet angesiedelt hat. „Die darf hier stehenbleiben", sagt Claudia, „auch wenn sie eigentlich ein wenig groß ist für unseren kleinen Garten. Aber die Wildbienen und Hummeln lieben die Blüten und wir können ja ein wenig den Bauch einziehen, wenn wir vorbei müssen". Direkt dahinter, zwischen dem alten Holzzaun und der Kornelkirsche schaut ein großer umgelegter Baumstamm heraus. Das Totholz ist wertvoller Lebensraum für viele Insekten und findet sich in vielen kleinen Ecken hier im Garten immer wieder.

Ich stehe nun vor einem wunderschön geschwungenen Steinbeet: eine Hotspotzone, realisiert mit einer Trockenmauer aus Sandsteinen. Das untere Drittel ist mit Ziegelsteinen als Drainage gefüllt, darüber grober Kies und Sand. Hier fühlen sich all die Pflanzen wohl, die mit den üblichen fetten Böden bei uns nichts anfangen können. Ein wichtiger Lebensraum, der so dringend gebraucht wird inmitten der intensiv landwirtschaftlich genutzten Flächen.

Die Pufferzone wird ergänzt durch einen Hartriegel, einen Weißdorn und eine Felsenbirne. Ein hoch gewachsener Holunder ragt stolz in den blauen Himmel. Daneben finden sich zwei Sorten von Wildrosen, die mit ihren schlichten ungefüllten Blüten Hummeln und Wildbienen anlocken. Claudia erzählt: „Einige Zweige der Wildrose nehme ich, um das Sandarium gegen die Nachbarskatzen zu schützen. Ich mag Katzen sehr, aber leider benutzen sie das Sandarium gerne als Katzentoilette. Die Bienen, die hier ihre Gänge graben, stören die Zweige überhaupt nicht. Ich freue mich oft darüber, wie schnell das Sandarium angenommen wurde, und sitze manchmal davor und beobachte die Löcher und ob sich etwas regt."

Vor dem Sandarium, das regengeschützt unter einem großen Flieder gebaut ist, haben Claudia und Roland die Sandfläche erweitert und einige Sandsteine als Trittsteine verlegt. Zwischen den Steinen wächst Zitronen- und Orangenthymian. Der Geruch ist sehr angenehm und es ist wie ein bunter Teppich, wenn er blüht. „Wir versuchen alle Nischen hier im Garten zu nutzen, um den Tieren einen Raum zu schaffen. Wir bekommen es täglich belohnt und verbringen sehr viel Zeit in unserem kleinen Hortus."

Ja, es ist wirklich ein kleines Paradies. Es soll Anregung sein für alle, die kleine Gärten oder nur einen Balkon haben. Jeder Fleck – und ist er noch so klein – ist wichtig für die Natur, und jeder kann seinen Beitrag dazu leisten. Jede Blüte zählt.

Ganz neu entstanden ist eine kleine Teichanlage. Einer von zwei kleinen Teichen wurde mit einer Teichschale in die Höhe gebaut. Die Schale ist umrahmt von Sandsteinen, die mit Sand befüllt sind. In den Zwischenräumen wächst Sempervivum und bietet auch hier wieder Insektennahrung. „Der Teich war noch gar nicht fertig, da ist schon der erste Teichfrosch hier eingezogen", erzählt Claudia fröhlich. „Wir hoffen sehr, dass im kommenden Jahr noch ein paar Frösche dazu kommen. Ein Traum wäre es, wenn das flache Betonbecken, das wir daneben gebaut haben, von Molchen angenommen würde. Bewusst haben wir hier nur Kies eingefüllt und große Steine als Umrandung genommen. Hier wird keine Bepflanzung dazu kommen. Schauen wir mal, welche Tiere sich das als Zuhause aussuchen werden."

Dazwischen haben noch ein Hochbeet Platz und etliche große Blumentöpfe mit Gemüse. Die Ertragszone, die hier aufgrund der kleinen Fläche nicht als normale Beetanlage umgesetzt werden kann, ist geschickt durch Töpfe mit den anderen Zonen verwoben. Hier wachsen Tomaten verschiedenster Arten und dazwischen Paprika und Chilis. Im Hochbeet finden sich Spinat und Radieschen neben Postelein und Kohlrabi. „Ich experimentiere noch, wie ich das mit dem Gemüse am geschicktesten und effizientesten umsetzen kann. Derzeit gärtnere ich hier ‚im Quadrat', eine interessante Methode für kleine Flächen. Ziel ist, eine optimale Fruchtfolge auf kleinen Flächen einzuhalten und damit immer frisches Gemüse ernten zu können. Ich plane auch noch, die Hauswände für den

Eine flache Schale, beschwert mit einem Stein, dient als **Vogeltränke.**

Gemüseanbau zu nutzen. Alles was ich in Blumenkästen anbauen kann, wird in Zukunft einfach in Kästen wachsen, die wir an der Hauswand befestigen."

Wir nehmen auf der kleinen Holzterrasse Platz und ich habe Gelegenheit, nochmal meinen Blick über die kleine Idylle schweifen zu lassen. Es gibt noch so viel zu sehen, wenn man Ruhe hat hinzuschauen. Links ein Staudenbeet mit Alant und Sonnenhut und noch eine weitere Wildrose. Dazwischen sind überall Blätter von Akelei zu sehen. Das muss im Frühling ein Blütenmeer sein! Hinter mir rankt an der Hauswand ein großer Weinstock nach oben. Er hängt voll mit Weintrauben und ich bin sicher, die Vögel freuen sich über die vielen Früchte. Dazwischen ist ein altes Holzfenster zu sehen und im Schutz des Weines innerhalb der Laibung des Fensters entdecke ich noch zwei kleine Nisthilfen, die offensichtlich dicht bewohnt sind.

Rechts von mir ist ein Sichtschutz aus Holz gebaut und hier hängen halbe Kokosnussschalen, die mit Sempervivum bepflanzt sind. Eine rosarote Platterbse rankt sich nach oben. Ein Taubenschwänzchen summt an mir vorbei und verschwindet zum Nektartrinken zwischen den Blüten. Unter der offenen Metalltreppe, die zum Balkon hochführt, steht eine Regentonne direkt über einem Abfluss. Hier wohnt Kuelwalda, eine dicke Erdkröte. Sie kommt nur nachts raus und ist etwas scheu. „Wenn man im Dunkeln noch mal in den Garten geht, muss man aufpassen, dass man nicht auf sie tritt", berichtet Claudia.

So langsam geht mein Besuch im Hortus pusilli zu Ende. Doch was entdecke ich auf einmal dort unten am Sandbeet? Einen Bienenwolf! Eine seltene Wespenart, die sich von Honigbienen ernährt. Das ist eine wunderbare Entdeckung zum Abschied. Hier ist eine weitere Oase für viele kleine Lebewesen entstanden und ich freue mich, diesen kleinen Garten vorstellen zu können. Soll er doch Anregung sein für alle kleinen Gärten und ihre Besitzer. Ein Hortus ist auch auf kleinster Fläche möglich!

Rotschopfige Sandbiene Das richtige Nahrungsangebot ist für die Wildbienen entscheidend. Auf diesen Schlehenblüten sammelt links die Flaum-Sandbiene und rechts die Rotschopfige Sandbiene ihren Pollen. Die meisten einheimischen Arten brüten zudem im Boden. Die Anlage eines Sandariums ist deswegen wichtiger für den Wildbienenschutz als der Bau einer Nisthilfe.

Hortus Andersgarten

GITTA WITTICH UND GERALD DORNHEIM

Auf der A4 komme ich schnell voran und in unmittelbarer Nähe der ehemaligen deutsch-deutschen Grenze zwischen Hessen und Thüringen nehme ich die Abfahrt Herleshausen, fahre nur wenige Minuten durch das Werratal und finde das kleine Dörfchen Göringen zwischen Wiesen, Feldern und Wald.

Der Andersgarten liegt am Dorfrand in ruhiger Lage, genau genommen in sehr ruhiger Lage, gleich neben dem Friedhof. Aber schon beim ersten Blick über den Zaun in den Hortus sehe ich Vögel, Schmetterlinge, Hummeln. Hier gedeihen Wildpflanzen sowie zusätzlich angepflanzte Blumen und Sträucher und bieten gemeinsam Nahrung für Insekten, Vögel und andere Kleintiere.

Gitta und Gerald heißen mich herzlich willkommen. Die beiden wirken total entspannt. Erst im April 2016 haben sie an Führungen im Hortus insectorum und Hortus felix teilgenommen und waren von der Vielfalt in meinen Horti begeistert. Sie gingen mit der Idee, auch einen Hortus – und sei er noch so klein – anzulegen. Ich bin gespannt, wie sich alles entwickelt hat. Mich interessiert, was auf so wenig Fläche alles möglich ist, wie viele Ideen innerhalb eines Jahres umgesetzt werden können und welche Tiere sich bereits in dieser Oase des Lebens eingefunden haben. Auf 250 Quadratmetern Pachtfläche einen Hortus zu schaffen und Geld für Pflanzen oder Material zu investieren, zeugt von einer großen Motivation. Der Name ist Hortus Andersgarten, denn auch hier, im sogenannten „Grünen Herzen Deutschlands", fällt ein vielfältig gestalteter Garten auf. Weitere 250 Quadratmeter am Wohnhaus werden ebenfalls hortan bewirtschaftet.

Innerhalb kurzer Zeit lassen sich Flächen mithilfe der Drei Zonen ökologisch enorm aufwerten.

Superbeete:

- Kartoffelturm
- Kraterbeet
- Kräuterspirale
- Mondsichelbeet
- Schlüssellochbeet
- Vulkanbeet

- Komposttoilette

Naturmodule:

- Holzkeller
- Nisthilfe
- Reisighaufen
- Sandarium
- Sonnenfalle
- Stehendes Totholz
- Steinhaufen
- Steinpyramide
- Wurmfarm
- Wurzelskulptur

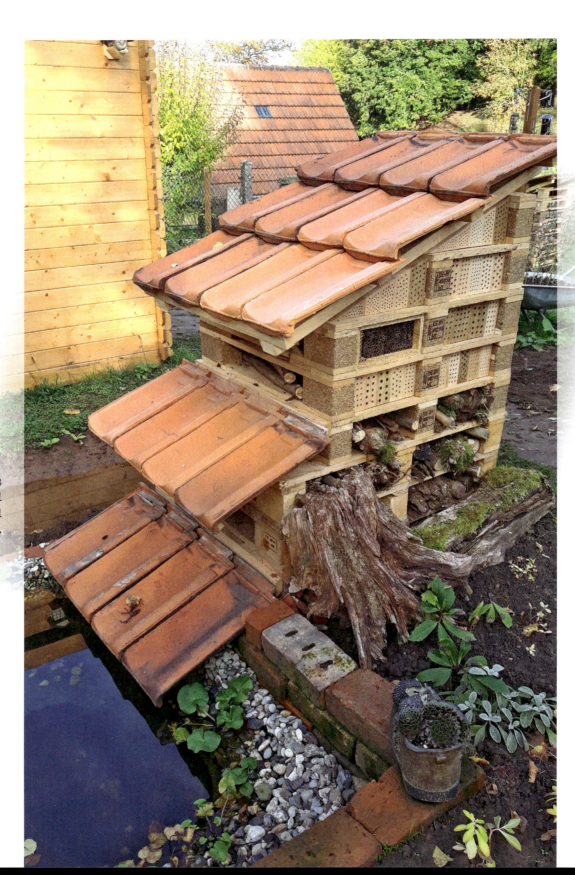

Das Dachwasser des **Palettenhauses** wird sofort für das Naturmodul Tümpel genützt.

Dieser Hortus hat 2017 im Frühjahrs- und Sommerwettbewerb zweimal hintereinander den ersten Preis der Initiative „Deutschland summt" gewonnen, und zeigt eindrücklich, was auf kleineren Flächen erreicht werden kann.

Der Hortus ist zwar überschaubar, aber sorgsam durchdacht, strukturiert und durch die vielen Module und unterschiedlichen Bepflanzungen sehr interessant anzuschauen. Es ist ein kleiner Drei-Zonen-Lehrgarten für offenherzige Menschen. Rasenwege sorgen für die Gliederung des Grundstücks.

Die meisten der hier ausgepflanzten Blumen wurden im Gewächshaus in torffreier Erde selbst herangezogen. Die Ertragszone ist relativ klein gehalten, nur ein Zehntel des Gartens wird zum Anbau von Obst und Gemüse genutzt. Dafür haben sie ja noch den Garten am Haus zur Verfügung. Stolz zeigen mir die beiden Hobbygärtner ihr Indianerbeet, eine Mischkultur von Mais, Kürbis und Kletterbohnen nach alten Überlieferungen der Ureinwohner Amerikas. Ich bin beeindruckt von der Wuchsfreudigkeit dieser sogenannten „Drei Schwestern". Die Pflanzen scheinen wirklich wie für einander bestimmt zu sein. Außerdem wachsen in der Ertragszone auch noch Zwiebeln, Zucchini, Tomaten, Kohlrabi, Erdbeeren, Brombeeren sowie Tee-, Gewürz- und Heilkräuter.

Hier findet auch das Feldblumenbeet mit Dinkeleinsaat seinen Platz, nur steht da nicht das Getreide als Ernte im Vordergrund, sondern der Pollen- und Nektarertrag der typischen Ackerwildkräuter.

Waldhummel Disteln sind wahre Magneten für die Insektenwelt. Hier suchen die selten gewordene Waldhummel und der auf der Roten Liste stehende Trauer-Rosenkäfer gemeinsam nach Nahrung. Einheimische Wildblumen sind seit Jahrmillionen die Lebensgrundlage für die bei uns lebenden Insekten. Ein Staudenbeet mit fremdländischen Pflanzen kann kein Ersatz sein.

Da in diesem Garten gemeinsam mit einer Wühlmausfamilie gegärtnert wird, werden die Kartoffeln im Garten am Haus gezogen. Im Andersgarten wird das Zusammenleben mit allen Gartenbewohnern getestet und Akzeptanz gelernt. Leckere Blumenzwiebeln stehen so zum Beispiel in wühlmaussicheren Hochbeeten. Pflanzen, die mit ihren schmackhaften Pfahlwurzeln keine Chance auf ein hohes Alter hätten, werden einfach in großen Töpfen und Kübeln gehalten. Die erste Anpflanzung von Muskateller-Salbei wurde von der spanischen roten Nacktschnecke verzehrt, die zweite Aussaat wächst deshalb nun eine Etage höher in zwei alten Schubkarren. Als Gegenspieler zur spanischen Nacktschnecke haben sich mittlerweile aber schon der Tigerschnegel, die Weinberg- und die Hainschnirkelschnecke eingefunden. Man muss es nur aushalten und kein Schneckenkorn ausstreuen, dann kann sich auch das biologische Gleichgewicht wieder einstellen, da sind sich die beiden absolut sicher. Vielleicht tauchen ja auch wieder Glühwürmchen auf, deren Larven ausschließlich Gehäuseschnecken fressen.

Von zwei Seiten wird der Garten von einer Pufferzone umgeben. Eine Zone der Ruhe, ein Rückzugsgebiet für Vögel und Kleintiere, Windschutz und Sonnenfalle zugleich.

Die Westseite wird begrenzt durch eine einreihige Anpflanzung. Sie ist zwar sehr schmal, aber durch ihre Höhenstaffelung sehr effektiv.

Auf einer **kleinen Fläche** vieles unterzubringen ist eine Herausforderung.

Den Boden bedecken vielblütige Stauden und leicht zu verwildernde Frühblüher. Über diese erheben sich Blüh- und Fruchtsträucher wie Kornelkirsche, Blumenhartriegel und Felsenbirne. Dazwischen stehen Kopfweiden. Diese erblühen sozusagen in der dritten Etage.

Auf der Nordseite wachsen die Sträucher zweireihig, ebenfalls höhengestaffelt. Zwischen diesen beiden Pflanzreihen finden der Totholzhaufen, der Reisighaufen und zwei Komposter ihren Platz. Ein Bienenbaum und eine rote Traubenkirsche werden in dieser Zone für die

Insekten erblühen, ebenso wie Liguster, Weißdorn, Kreuzdorn, Schlehe, Pfaffenhütchen und Faulbaum. Gleichzeitig sind diese Sträucher Nahrungsgrundlage für die Raupen vieler Schmetterlingsarten. Nach Osten hin endet die Pufferzone mit einem Rankgerüst für Zaunrüben und Wicken. Als fleißige Blüher am Heckenrand fallen mir besonders die Schwarznesseln, Waldziest, Fingerhut und der Beinwell auf.

Die Hotspotzone zieht sich einmal quer durch den Garten und umrahmt zusätzlich noch die Ertragszone; auch die Rabatten entlang der Grundstücksgrenze an der Süd- und Ostseite sind mit insektenfreundlichen Kräutern, Blumen und vielen Disteln bepflanzt. Man nennt es Vernetzung, wenn die Zonen ineinandergreifen und sich ergänzen. Viele kleine Module bilden so ein großes Ganzes. Vier Blumenstaudenbeete, ein Kräuterbeet, ein mager gehaltenes Wiesenblumenbeet, ein Sandarium, ein Krokus-Fettwiesenbeet, zwei Sumpfbeete, ein Miniteich sowie drei wühlmaussichere Hochbeete ergeben mit zwei großen Palettenhochhäusern für Wildbienen und Hummeln sowie einer Steinpyramide und einer Igelburg einen Hort des Lebens. Jeder Quadratmeter zählt – so lautet hier die Devise.

Besonders pfiffig finde ich die Kombination von Insektenhotel und Sumpfzone beziehungsweise Teichschale. Diese Feuchtzonen werden gespeist durch Regenwasser, das über das Ziegeldach vom Palettenhochhaus stufenweise nach unten geleitet wird. So finden durstige Vögel, Insekten und andere Kleintiere auch an sonnigen Tagen das dort gespeicherte Nass.

Im Hortus Andersgarten steht eine Vogelfutterstation zur Ganzjahresfütterung bereit. Hier holen sich Sumpfmeisen, Kohl- und Blaumeisen, Grünfinken, Sperlinge, Kleiber, Gimpel, Bunt- und Kleinspechte ein „Zubrot", wenn die Natur gerade keines in ausreichendem Maße zur Verfügung stellt. Und wer von den Vögeln gern länger bleiben möchte, kann in einem der angebotenen Nistkästen für ein halbes Jahr mietfrei wohnen.

Ein weiteres Thema dieses Gartens sind die Heilkräuter. Viele sind in der heimischen Natur kaum noch zu finden oder in Vergessenheit geraten. Hier wird ihnen Platz eingeräumt. Bei Bedarf kann sogar der Weg in die Apotheke gespart werden, wenn die Hilfe schon im Garten wächst, meint Gerald lachend. Auch das ist hortane Lebensweise.

„Kreisläufe schaffen", auch dieser Punkt ist hier mit einer Komposttoilette im Geräteschuppen optimal gelöst. Die Notdurft hat ein Ende und die beiden erhalten gleichzeitig noch Material zur Kompostierung und Düngung. Einfacher geht es nicht.

So abwechslungsreich und interessant ist der Gartenrundgang, dass ich nicht bemerkt habe, wie schnell die Zeit vergangen ist. Wir haben uns aber auch die Zeit genommen, um die Wildbienen am Insektenhotel zu beobachten, zu schauen, wie geschickt Frau Hummel die Hummelklappe öffnen kann, wie Schmetterlinge tanzen und Eidechsen sich auf warmen Steinen von der Sonne verwöhnen lassen.

So kann auch ich entspannt und zufrieden die Rückfahrt antreten. Gitta und Gerald haben mich zutiefst beeindruckt, denn im „besten" Alter haben sie sich dem Hortus-Gedanken zugewandt und ihn total verinnerlicht. Konsequent setzen sie die Drei Zonen um und haben innerhalb kürzester Zeit eine Vielfalt erreicht, an die andere Gärtner in ihrem Alter nach Jahrzehnten noch nicht herankommen. Das Ende der Fahnenstange ist noch nicht erreicht und ich bin mir sicher, ihnen wird es gelingen, noch mehr Module für die Vielfalt in ihren Hortus zu packen.

Unermüdlich engagieren sich die beiden auch bei der Öffentlichkeitsarbeit für das Netzwerk. Es reicht ihnen nicht, jedes Jahr bei der bundesweiten Aktion „Tag der offenen Gartentür" mit zumachen, nein, sie haben mittlerweile eine komplette Wanderausstellung zusammengestellt – mit einer Vielzahl von Exponaten und Displays, die sowohl Erwachsene als auch Kinder gleichermaßen fasziniert. Auf diesem Weg kann Feuer und Begeisterung weitergegeben werden, auch wenn ihr Hortus von der Fläche her nur ein kleiner Hortus ist.

Senkrecht angebohrte Balken stehen in einem *Sandarium*, da bleiben für die Wildbienen kaum Wünsche offen.

Hortus pagsis

RAINER HÄFFNER

Die nette, aber bestimmte Stimme aus dem Navi hat mich zielsicher auf den Parkplatz der Pater-Alois-Grimm-Gemeinschaftsschule geführt. Mein Blick fällt auf ein Schild direkt vor mir: „Chill-Zone", verkündet es.

Zweifel kommen auf, ob ich hier richtig bin. Gleich neben dem Parkplatz entdecke ich aber die mit Pflanzen gestalteten Initialen „PAGS", also die Abkürzung des Namens der Schule.

Rainer, der Hauptverantwortliche des Projekts, kommt auf mich zu und zeigt mir den Weg in den Garten. Zuerst zieht mich aber der in grellen Farben gestrichene, rustikale Gartenzaun am Eingangsbereich in seinen Bann. Rainer erklärt mir, dass ursprünglich ein unbemalter Holzzaun geplant war. Durch die Beschäftigung mit Hundertwasser kamen die Schüler auf die Idee, den Gartenzaun nach seiner künstlerischen Art zu gestalten. Hier an dieser Schule werden Schüler also ernst genommen, denn der Vorschlag wurde mit großem Erfolg umgesetzt.

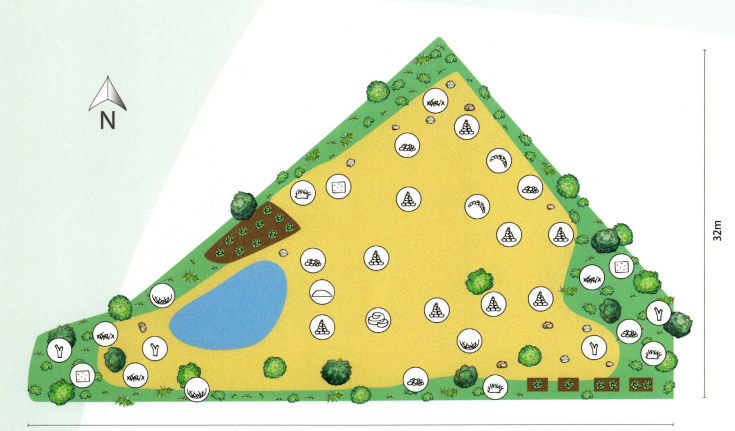

Superbeete:

- Kartoffelturm
- Kraterbeet
- Kräuterspirale
- Mondsichelbeet
- Schlüssellochbeet
- Vulkanbeet

- Komposttoilette

Naturmodule:

- Holzkeller
- Nisthilfe
- Reisighaufen
- Sandarium
- Sonnenfalle
- Stehendes Totholz
- Steinhaufen
- Steinpyramide
- Wurmfarm
- Wurzelskulptur

Als wir durch das Gartentor schreiten, blicken wir vor dem Gartenhaus auf ein buntes Blumenbeet mit viel angereichertem Totholz. Auf der rechten Seite befindet sich hinter einer Wildrosenhecke die Ertragszone. Hochbeete ermöglichen für die schulische Arbeit klare Strukturen und Trennungslinien.

Lässt man den Blick über den Garten schweifen, sind die verschiedenen Zonen des Gartens leicht zu erkennen. Nach der Ertragszone wird der Hundertwasserzaun zunächst von einem Totholzzaun abgelöst, der die Pufferzone gegen die benachbarte Fettwiese abgrenzt.

Ein bizarres, aus krummen Hölzern gebautes Element nimmt meinen Blick gefangen. Rainer lacht sofort und erklärt mir, dass das wichtigste Anliegen dieses „Denkmals" schon funktioniert hat: Es lässt einen stutzen und nachdenklich werden. Dieses Totholzdenkmal soll die Menschen darüber nachdenken lassen, wie wichtig das Totholz für das Leben ist.

In der Pufferzone finden wir nur einheimische Sträucher und Bäume, vor allem stachelige Arten. Über 100 Wildrosen wurden entlang des Zaunes gepflanzt, viele Schlehen, Weißdorn, Holunder, rote Heckenkirsche und Eberesche. Neben dem unbestreitbaren Nutzen für die Insektenwelt haben diese Pflanzen vor allem den großen Vorteil, unliebsame „Besucher" des Hortus von einem ungebetenem Eindringen in den Garten abzuhalten, erklärt mir Rainer.

Auch einige alte Bäume, die bereits seit vielen Jahren auf dem Grundstück stehen, konnten sinnvoll in das Drei-Zonen-Prinzip integriert werden. Zwei sehr alte Apfelbäume und ein Birnbaum ließ man bewusst stehen. Sie dürfen hier in Ruhe ihre letzten Jahre genießen und bereichern somit den Hortus mit einem Schatz, den man sonst nicht so schnell findet: stehendes Totholz. Viele Insekten und Vögel danken es mit ihren Besuchen und ihrem Einzug in den Garten.

Im Schatten dieser großen Bäume liegt ein Waldsaumgebiet mit dazu passenden Pflanzen. Ein Reisighaufen bietet Unterschlupf für Igel und Co. Hier hat man auch eine Lernzone für Schüler eingerichtet. Das Lernkonzept der Schule ermöglicht es Schülern, auch außerhalb des Schulhauses an einem angenehmen Platz zu lernen. Dieser Lernbereich ist mit einem Steinwall umgeben und dort hat sich auch bald Familie Mauswiesel eingefunden. Bietet diese Umgebung doch alle Naturmodule, die ein Mauswieselherz höher schlagen lassen. Alle Wege im Garten sind mit Hackschnitzeln ausgelegt.

Bald kommen wir zu der ersten Hotspotzone des Hortus pagsis. Es war der erste Bereich, den die Kinder mager angelegt haben, erzählt mir Rainer. „Legen Sie hier Lehrerparkplätze an?" fragte ein Nachbar, der zusah, wie die Schüler Ziegelschrott und Schotter auf dem vorgesehenen Bereich ausbrachten. Als ihm Rainer aber ausführlich das Drei-Zonen-Garten-Prinzip erklärte, wurde er erst nachdenklich und schließlich ein eifriger Unterstützer. Immer wenn Hilfe gebraucht wurde, konnte sich Rainer auf den freundlichen Mann verlassen.

Auch viele Kollegen konnten es nicht glauben, dass in dem reinen Schotterbeet Pflanzen wachsen würden. Sie gehören heute zu den Menschen, die den Garten unglaublich schön finden.

Reichlich Totholz wurde in den Steingarten eingebracht, sodass es auch nicht lange dauerte, bis man die erste blauschwarze Holzbiene begrüßen konnte. Für Schüler ist es immer wieder eine große Freude, wenn es gelingt, solche Tiere in den Garten zu locken, die es nicht mehr so häufig gibt. Auch die ersten Pyramiden finden wir hier. Gefüllt mit unterschiedlichen Materialien bieten sie vielen Insekten Unterschlupf an.

An diesen Steingartenbereich grenzt eine Blumenwiesenlandschaft. Zunächst wurde ein Teil für ein Gartenrondell reserviert. Schüler wollten dort einen Rückzugsraum für sich erstellen. Deshalb wurde ein runder Bereich gekennzeichnet, die Erde dort 40 Zentimeter tief abgehoben und außen herum als Wall aufgeworfen. Dieser Wall bot nun wieder Platz für ganz spezielle Pflanzen. Je nachdem waren sie der Sonne voll ausgesetzt oder sie lagen mehr im schattigen Bereich. Der Techniklehrer empfand es als einen Segen, im Schulgarten Brücken bauen zu dürfen, und baute eine erste Brücke vom Rondell in den Steingarten. Weitere Brücken sollten folgen.

Weiter hinten wird der Totholzzaun von einem bunten Palettenzaun abgelöst. Die Pufferzone wird hier vor allem durch Beerensträucher gebildet.

Auf dem Schulgelände wird der Teich aus Sicherheitsgründen eingezäunt.

Wir kommen nun an einer einjährigen Blumenwiese vorbei. Dieser Teil wird jedes Jahr umgegraben und im Frühling neu eingesät. Er gehört zu einem kleinen Ackergelände, das man auch auf Schülerwunsch hin angebaut hat. Weizen, Gerste, Mais, Erbsen und Raps wachsen dort. Der Bereich wird durch ein Lavendelbeet abgeschlossen.

Dem Weg gegenüber liegt das Sandarium, das mit verschiedenem Sand befüllt und mit Steinen gestaltet ist. So finden auch diejenigen Tiere, die einen solch kargen Lebensraum bevorzugen, ein ihnen entsprechendes Biotop.

Der Teich ist etwas Besonderes. Rainer erklärt, dass es an seiner Schule sogenannte „Herausforderungen" gibt – Leistungen, die

Naturmodule aus Stein oder Totholz bereichern immer.

Holzbiene Diese beeindruckende, metallisch blau glänzende und sehr große Wildbiene breitet sich seit Mitte der 80er-Jahre im Zuge des Klimawandels aus dem Mittelmeerraum stetig nach Norden aus. Sie nagt selbstständig ihre Brutröhren in das Totholz und liebt alle großen Schmetterlingsblütler, wie Erbsen, Wicken, Muskatellersalbei, Blauregen und Blasenstrauch.

Schüler freiwillig erbringen können, um so ihre Grenzen auszutesten. Dazu gehörte auch der Teichbau.

Unter der Federführung dreier Azubis einer Gartenbaufirma haben die Schüler den Teich weitgehend durch Handarbeit im Dezember erbaut – bei Regen, Schnee und Kälte innerhalb einer Woche durch eine unglaubliche Schufterei inmitten einer lehmigen Schlammlandschaft. Aber keiner der Schüler hat es bereut, an dieser „Herausforderung" teilgenommen zu haben.

Im Frühjahr wurde der Teich bepflanzt und die Umgebung gestaltet. Schon bald stellten sich die ersten Teichbewohner ein. Insbesondere Libellen schien dieser Platz sehr gut zu gefallen, denn sie zeigten den ganzen Sommer über in großer Zahl ihre Flugkünste.

Weiter auf dem Weg kommen wir zum dichtesten Teil der Pufferzone. An der Spitze des Gartens soll eine Gebüschlandschaft all den Tieren einen Lebensraum bieten, die sich gerne im Schatten und im Dunkeln aufhalten. Große Reisighaufen, viel Totholz in verschiedenen Zersetzungsstadien und dazu passende Stauden runden das Bild ab.

Wir befinden uns jetzt auf dem Rückweg zum Eingang. Den Zaun haben hier Schüler mit Weiden geflochten, an denen sich Brombeeren hochranken.

Jetzt kommen wir am „Schuttberg" vorbei. Die Idee zu diesem Gartenelement stammt wieder von einem spontanen Schülervorschlag. Der Schuttberg ist von einer Trockenmauer umrahmt und befüllt mit Material, das man nicht mehr brauchen konnte. Der Boden eignete sich sehr gut, um eine weitere Hotspotzone anzulegen.

Ein Element darf in keinem Schulgarten fehlen: Die „Feierzone" mit Feuerstelle und Backofen bildet ein Highlight des Gartens. Hier können Klassenfeste veranstaltet werden, aber an den rustikalen Tischen und Bänken kann man auch sehr gut lernen.

Beeindruckt fahre ich nach Hause. Toll, was eine Schule alles schaffen kann. Ich habe einen wahren Hortus kennengelernt.

Mehr Infos auf: www.pags-kuelsheim.de.

Hinter der Pforte eines Hortus lebt die **Vielfalt.**

Hortus columbarium

MATTHIAS BEISSER

Dieses Mal führt mich meine Hortus-Reise nach Neckarsulm. Nach dem Verlassen der Autobahn läuft die Straße vorbei an alten Streuobstwiesen und Weinbergen. Alles deutet auf ein mildes Klima hin.

Der Garten liegt nicht im Siedlungsbereich, sondern ist 2 Kilometer außerhalb des nächsten Dorfes in der Flur an einem Hang gelegen.

Ein kurzes Stück noch durch dieses Naturidyll, auch Taubenloch genannt, dann habe ich den Hortus columbarium, den Nischengarten für Mensch und Natur, erreicht.

An einem großen Holztor, über dem ein „Hier-wird-torffrei-gegärtnert"-Schild hängt, werde ich von Mattes begrüßt. Mattes ist groß und kräftig. Mit dieser Erscheinung, einem grünen Bundeswehr-Schlapphut und dem Vollbart könnte er glatt als Jäger durchgehen. Tatsächlich ist er meist jagend unterwegs, nicht mit einer Flinte, sondern mit seiner Kamera. Mattes macht spektakuläre Tieraufnahmen und Fotos in seinem Refugium. Ein Jahrzehnt hat er sich intensiv mit dem Hobbyaquarium und der Terrarienzucht von Reptilien und Stabheuschrecken beschäftigt, bis er den Hortus-Gedanken entdeckt hat und sich dafür begeistern konnte. Mattes ist ein Mann der Tat, der sich zudem auch wirklich gut auskennt.

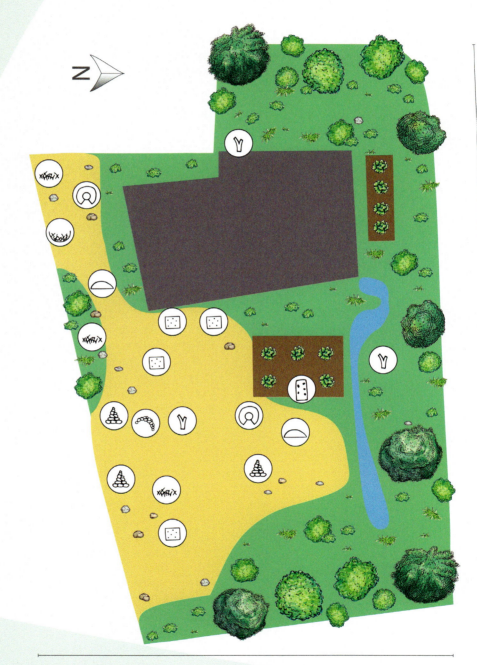

Zaunrüben-Sandbiene Die kleine Zaunrüben-Sandbiene kann leicht mit der größeren Honigbiene verwechselt werden. Diese Art ist eine absolute Spezialistin, die ihren Pollen ausschließlich auf Zaunrüben-Blüten sucht. Diese Pflanze und die dazu gehörige Biene waren früher häufig an Wegrändern oder Gartenzäunen zu finden und sind heute gemeinsam selten geworden.

Der riesige alte Walnussbaum dominiert den Eingangsbereich und lockt im Herbst bis zu acht Eichhörnchen gleichzeitig an. Gleich hinter dem Tor entdecke ich zwei kleine Insektenhotels.

Über eine kleine Treppe gehen wir zum Blockhaus mit Terrasse und Grillbar. Ein gemütlicher Platz für interessierte Besucher nach einer Führung, um bei Kaffee und Kuchen verweilen und sich fachlich austauschen zu können.

Nur wenige Meter sind es in einem rechten Bogen, am Gewächshaus mit Wasserturm vorbei, zu einem Durchgang zu laufen. Der Wasserturm ist ein um 1 Meter aufgebockter 1000-Liter-Tank, der mit Regenwasser gefüllt und zum Gießen verwendet wird. Ab hier beginnt die Hotspotzone. Mehrere Insektenhotels, bestehend aus einem Hasenstall, Einwegpaletten und sonstigen verwertbaren Materialien, sind von den unterschiedlichsten Wildbienen recht gut besucht. Direkt dahinter sehe ich Totholzhaufen auf engstem Raum zum angrenzenden Grundstück positioniert. „Diese Naturmodule sind aus Bequemlichkeit entstandene Nischen, die innerhalb weniger Tage von den Zaun- und Mauereidechsen erobert wurden", erklärt mir Mattes. Das dunkle Holz wärmt sich in der Sonne auf und in den Ritzen bieten sich gute Verstecke.

Ein schmaler Streifen Wiese führt leicht nach oben, vorbei an einem Sandarium für bodenbrütende Wildbienen und zwei weiteren Totholznischen, um wieder auf die Terrasse zu gelangen. Auf dieser kleinen Runde habe ich schon einige Blühstauden entdecken können, die Nahrung für Insekten bieten.

Nun gehen wir unter einem alten, wurmstichigen Schwartenbrett, auf dem mit krakeliger Schrift das Wort „Hortus columbarium" eingeritzt ist, hindurch. Eine große Zahl von Singvögeln fliegt von den extra eingerichteten Futterplätzen auf. Mattes füttert ganzjährig und investiert so für zusätzliche Nahrung in unserer sonst so ausgeräumten Landschaft.

Die Frage nach der Anzahl der verschiedenen, dokumentierten Vogelarten in seinem Hortus winkt Mattes mit einem zufriedenen Lächeln und verschmitzten Blick ab: so etwa 30 Arten über das Jahr dürften es schon sein. Darunter sind seltene Vögel wie Wiedehopf, Trauerschnäpper, Braunkehlchen, Schafstelze, Neuntöter, Wendehals und viele andere mehr.

Von einem Standort hinter einem weiteren Durchgang kann der Großteil der Drei Zonen überblickt werden. Rechts führt ein alter Ziegelsteinweg zwischen Trockenmauer und Totholzhaufen, vorbei an einem Steinturm mit Sumpfzone, zu einem Insektenhotel mit umlaufendem Weg eingerahmt von robusten Steingartenstauden, wie Sempervivum und Sedum. Diesen Weg kann man fast nicht betreten, da in den Fugen der Backsteine jede Menge Wildblumen aufgehen.

Reinpacken was geht, etliche Tiere finden hier **Versteck** und Unterschlupf.

Mit Teleobjektiv und Geduld können vom getarnten Ansitz aus die **Bewohner** abgelichtet werden.

Aber dort unten, kurz vor der Pufferzone an der unteren Grundstücksgrenze, ist noch eine etwa 10 Quadratmeter große Fläche integriert, die als Wildblumennische für Insekten dient.

Auf der linken Seite befindet sich etwas wirklich Spezielles und wohl Einzigartiges. Was das sein soll, frage ich Mattes. „Das ist einer meiner beiden selbst gebauten Ansitze, von denen ich unbemerkt von den Tieren meine Naturbeobachtungen und Fotos machen kann", bemerkt Mattes. Stundenlang harrt Mattes in der schwülen Hitze oder geärgert von Stechmücken aus, um zum richtigen Schuss zu kommen. Was er selbst nicht fotografieren kann, wird von Wildkameras erfasst und daheim am Computer ausgewertet.

Hinter dem ersten Beobachtungsposten entdecke ich ein Dachziegelhochbeet mit gutem Boden. Hier ist Ertragszone pur. Zucchini, Kürbis, Fenchel, Dill, Spitzkraut und Kohlrabi wachsen fröhlich nebeneinander und in vielfältiger Pracht.

Wer das alles essen soll, frage ich. Die Antwort: „Keine Ahnung, wer es als erstes erntet, egal ob Mensch oder Tier, jeder bekommt seinen Teil." Dem folgt noch ein breites Grinsen und die Worte: „Ich bin halt ein Gärtner und finde es einfach nur toll, wenn Pflanzen wachsen."

Jetzt möchte ich aber auch einen Blick in das Ertragsgewächshaus werfen, das einen halben Meter tiefer liegt. Ein Teil vom Gewächshaus steht auf dem Dachziegelhochbeet und so ergibt sich der Niveauunterschied. Trotzdem kratzen die Tomaten schon an der Decke.

Nach dem Gewächshaus laufen wir auf der linken Seite durch eine weitere Hotspotzone. Dort ist eine Kieselsteinrinne, die ich bestaune.

Entlang der linksseitigen Pufferzone liegt eine Naturteichanlage. Insgesamt sind vier Teiche auf einer Länge von circa 25 Metern mit Bachläufen vernetzt. Dort tummeln sich Bergmolche, Erdkröten, Libellenlarven, Schnecken und viele weitere Wasserbewohner. Der unterste Teich wird auch von den Vögeln als Badewanne benutzt.

Den Abschluss bildet eine kleine Brücke, auf der die darunterliegende Sumpfzone überquert werden kann. Von hier aus gelangt man zum zweiten Beobachtungsturm, der auch als Totholzlager dient. Direkt daneben befindet sich ein Durchgang für Wildtiere, damit sie mit der umgebenden Landschaft verbunden bleiben. Der Blick dahinter zeigt auf einer Länge von etwa 40 Metern die Pufferzone mit der Benjeshecke.

Auf dem Rückweg zur Terrasse gehen wir an der unteren Pufferzone, bestehend aus einer Brombeerhecke und vorgelagertem Kompost, entlang, die von neun Igeln und einer Rattenfamilie bewohnt wird. Ab der Mitte führt der direkte Weg durch den Streuobstbestand mit alten Birnen und Apfelbäumen nach oben. Dort entdecke ich noch das ehemalige Auswilderungsgehege von zwei Igeln, die Mattes über den Winter gerettet hat. Dieses Gehege soll in naher Zukunft noch zu einem Außenterrarium für einheimische Wechselkröten umgebaut werden.

Seit meiner Ankunft sind fast zwei Stunden wie im Flug vergangen und wir sitzen zufrieden bei einer Tasse Kaffee auf der Terrasse. Erstaunlich, was Menschen erreichen können, wenn sie die richtige Motivation und ein festes Ziel haben. Alles ist sehr abwechslungsreich auf den „nur" 800 Quadratmetern gestaltet – in unzähligen Nischen, was den eigentlichen Namen des Hortus erklärt.

Nicht die alleinige Größe eines Hortus ist entscheidend, sondern, dass das richtige Herz dafür schlägt. Fast bilde ich mir ein, das Herz von Mattes schlagen zu hören – mit seinem verschmitzten Lächeln. Zufrieden und mit dem Wissen, dass der Hortus-Gedanke seinen Weg nimmt, fahre ich nach Hause.

Hortus Aquaveganum

HEIDI UND VOLKER TERPOORTEN

Auf geht es ins bayerische Nordschwaben, genauer gesagt zu Heidi und Volker nach Binswangen bei Wertingen in den Hortus Aquaveganum.

eidi und Volker leben vegan und setzen dies auch konsequent in ihrem Hortus um. Seit mehreren Jahren sind wir befreundet und ich erinnere mich noch genau, wie unglücklich Heidi mir von ihrer 20 Meter langen Thujahecke im vorderen Bereich des Gartens erzählte.

Beide strahlen um die Wette, als ich bei Ihnen ankomme. Die Thujen vor dem Haus sind verschwunden und jetzt ist Platz für eine lockere Pufferzone mit Blutkirsche, Eibe, Fliederhecke, Kornelkirsche, Aronia, Obstbäumen, Wildrosen und einer großen Wurzel. In den Zwischenräumen wachsen insektenfreundliche Stauden. Aktuell im Juli blüht

Klatschmohn liebt magere und sonnige Schotterflächen.

Hortus Aquaveganum

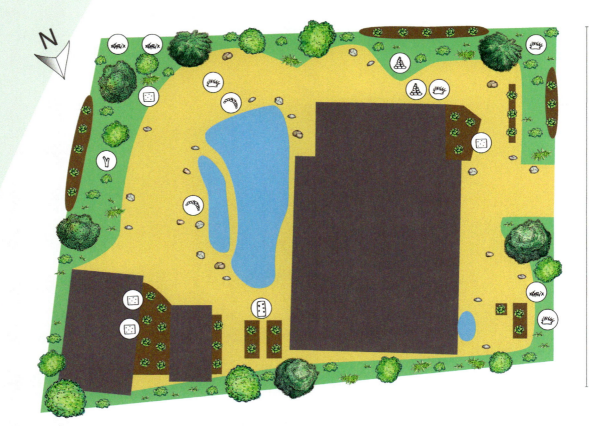

Superbeete:

- Kartoffelturm
- Kraterbeet
- Kräuterspirale
- Mondsichelbeet
- Schlüssellochbeet
- Vulkanbeet

- Komposttoilette

Naturmodule:

- Holzkeller
- Nisthilfe
- Reisighaufen
- Sandarium
- Sonnenfalle
- Stehendes Totholz
- Steinhaufen
- Steinpyramide
- Wurmfarm
- Wurzelskulptur

Die **Ertragszone** befindet sich zum Schutz vor Nacktschnecken in unterschiedlichsten Gefäßen.

Katzenminze, Malve und Lavendel sowie Schnittlauch. Aufgelockert wird der Eingangsbereich noch von einzelnen, weinrot lackierten Jugendstil-Zaunelementen.

Dazwischen liegt die gepflasterte Auffahrt, die gleichzeitig Eingang in das etwa 1000 Quadratmeter große Hanggelände ist. Links findet sich ein Namensschild des Hortus Aquaveganum, aber dort ist auch eine tonnenschwere Anlegestelle. Die Tochter des Hauses brachte sie als besonderes Geschenk vom Hamburger Hafen mit. So soll gleich zu Beginn auf den überall spürbaren Wasseraspekt im Hortus aufmerksam gemacht werden.

Und tatsächlich, gleich vor dem Hauseingang des zweistöckigen Wohnhauses befindet sich die erste Wasserstelle. Ein klarer Miniteich hat sich im Zinkfass, einem ehemaligen Waschtrog aus dem nahegelegenen Dillinger Kloster, etablieren können. Ich drehe mich um und blicke auf die erste Hotspotzone. Eine Augenweide von Nachtviole, Natternkopf, 2 Meter hohem Steinklee, Margerite,

Von der Terrassentür direkt zu erreichen:
der große **Schwimmteich** mit Fröschen und Molchen.

Färberwau und wilder Malve! Aufgeregtes Gezwitscher der im Dach lebenden Spatzenfamilie wechselt sich ab mit dem Summen, Flattern und Brummen der Bienen, Hummeln und Schmetterlinge in flirrender Hitze.

Dazwischen finden sich überall Hochbeete aus Bade- und Duschwannen, Zinkgefäßen und Eimern, die jetzt als Pflanzgefäße für Salat, Petersilie, Buschbohnen, Karotten, Erbsen sowie Tomatillos dienen. Das ist Upcycling pur und vom Feinsten. Ein Hortus im Kleinen ist hier schon im Eingangsbereich verwirklicht: Pufferzone, Hotspotzone und Ertragszone auf 50 Quadratmetern im Vorgarten.

Am Haus rechts vorbei passieren wir die Nisthilfen für einige hier lebende Wildbienen an der sonnigsten Stelle der Garage. Es summt, flattert und brummt überall. Der Weg führt nach oben, denn der Hortus ist ein Hanggrundstück.

Zwischen Sauerkirsche, Birnenquitte, Apfelbaum, zwei Pfirsichbäumen, Wildrosen und Stauden erstreckt sich die zweite vordere Hotspotzone mit Pflanzsäcken für Tomaten und Radieschen. Hier soll noch ein ehemaliges Güllefass als Hochbeet umgebaut werden, inmitten von Blüten und Obstbäumen als eine weitere Ertragszone. Der gute Boden findet sich also hauptsächlich in Gefäßen, dort wird Gemüse angebaut. Rasen gibt es inzwischen keinen mehr. Die restlichen Flächen sind ausschließlich aus grobem und feinem Schotter aufgebaut, um langfristig dauerhafte Artenvielfalt zu ermöglichen.

An der rechten Seite des Grundstücks wurde die gesamte Humusschicht des ehemaligen Gartens in Form eines langgezogenen Hügelbeets zusammengeschoben. Hinter diesem Randhügelbeet liegt die Pufferzone zum Nachbargarten: Himbeersträucher, die sich hier als Hecke behaupten und rasch eingekürzt werden können, um dem Nachbarn etwaige Arbeiten an seiner Garage zu ermöglichen.

Apfelbäume, eine Süßkirsche, Johannisbeersträucher, Gojibeeren, Yaconpflanzen und weitere Stauden wachsen an diesem Standort. Der Mohn verblüht gerade, ich erahne noch die gesamte rote Pracht der letzten Wochen.

Keulhornbiene Der Keulhornbiene ist bei der Beschaffung von Wohnraum leicht zu helfen. Markhaltige Stängel, wie etwa von Brombeerranken, werden senkrecht an sonniger Stelle befestigt. Die Bienen nagen das Mark heraus und legen im jetzt hohlen Stängel ihre Brutzellen an. Im nächsten Jahr werden neue Stängel benötigt, denn diese Biene ist anspruchsvoll und akzeptiert nur „Erstbezug".

Ein geschwungener Weg voller blühender Schönheiten liegt nun vor uns. Entlang der Häuserwand ein Feigenbaum, ein Birnbaum am Spalier, Brombeeren und selbst gezogener Wein, eine Pyramide als Sonnenfalle für die Feige. Volker und Heidi haben das wirklich toll hinbekommen. Allein dieser Weg ist eine Augenweide.

Jetzt, zu Beginn des Sommers, überwiegt am Wegrand das Lila des Natternkopfs, das Pink der wilden Malve, das Gelb der Färberkamille und das aufkommende Weiß der wilden Karotte. Zwei Weiden sowie weitere Wildrosen vervollständigen die Pufferzone zum Nachbarn hin.

An der nun folgenden Hangstufe weitet sich der Blick. Man kann kaum entscheiden, wohin man zuerst schauen oder gehen soll.

Ganz links befindet sich die wichtigste Ertragszone mit beweglichen Kisten-Hochbeeten, wie sie auch beim Urban Gardening benutzt werden. Daneben findet sich eine eingeebnete Fläche für ein Gewächshaus. Den Abschluss bildet ein Kräuter- und Erdbeerbeet, direkt am und vor dem blau gestrichenen Gartenhaus gelegen.

Auf der rechten Seite erscheint eine üppig blühende Hotspotzone. Hier wurden tonnenweise Steinbruch- und Marmorreste eines Steinmetzes aus Gundelfingen als Drainage verarbeitet. Hier ist der magerste und trockenste Bereich des Gartens.

Ein besonders großer Schwimmteich mit 80 Kubikmetern Wasser bildet das Zentrum des Hortus und gibt ihm auch seinen Namen. Keiner glaubte, dass man so viel Wasser in einem Hanggrundstück unterbringen könnte, verraten mir Heidi und Volker.

Ich kann nicht widerstehen. Ein Kopfsprung hinein und ich tauche ein inmitten von Froschgequake, Summen der Bienen, einzelner Hummeln und Libellen in ein Stück Paradies direkt vor der rückseitigen Terrassentür des Hauses.

Dieser Teich ist ein Naturteich mit zwei voneinander getrennten Wasserflächen. Der Schwimmbereich und der Filterbereich ergänzen sich optimal und sind durch einen bewachsenen Steg mit der darin eingebauten Pumptechnik verbunden. Die Überwachung der einfach funktionierenden Technik ist definitiv Volkers Leidenschaft. Im Wasser haben sich etliche Pflanzen und Tiere angesiedelt. Innerhalb kürzester Zeit fanden Wasserfrösche, Erdkröten, Rückenschwimmer, Wasserschnecken, verschiedene Libellenarten, Bergmolche, Wasserskorpione und neuerdings sogar ein Grasfrosch den Weg hierher. Rauchschwalben kommen früh morgens und abends zum Trinken, erzählen die beiden, und wehe da sind Menschen im Wasser! Das passt den Gefiederten überhaupt nicht.

Umgeben ist der Teich von einer wärmespeichernden Natursteinmauer, sozusagen einer riesigen Sonnenfalle, die sich nach oben hin und zur Seite öffnet. Am höchsten Punkt des Grundstücks stehen drei große Holunder, eine Benjeshecke und ein Palettenhochhaus als Naturmodul. Ferner finden sich noch ein: Haselnuss, Weiden, Brombeeren, Himbeeren, Kornelkirschen, Wildrosen, Beinwell und weiteren Stauden.

Was hat es nun mit dem „bioveganen" Gärtnern auf sich? Ganz einfach, erklären mir Heidi und Volker, es werden im gesamten Garten keinerlei tierische Dünger oder tierische Hilfsstoffe verwendet. Gedüngt wird mit Effektiven Mikroorganismen (EM), Brennnessel- oder Beinwelljauche. Die Erde selbst wird angereichert mit selbsthergestelltem Bokashi (mit EM fermentierte pflanzliche Speise- und Gemüse-Obst-Reste), Gartenkompost, Urgesteinsmehl und bis zu 8 Millimeter großem Pflanzenkohlenstaub. Und natürlich werden Mulchwürste gedreht mit all dem, was gerupft oder mit der Sense oder der Sichel gemäht wird.

Nichts verlässt den Garten und alles fließt ein in einen funktionierenden Kreislauf. Überall wächst und gedeiht es, die Pflanzen sind kraftvoll und versprechen reiche Ernte. Besonders beeindruckend sind die über 2 Meter hohen Tomatenpflanzen auf dem überdachten Pflanzbalkon hinter dem Wintergarten.

Ganz oben ist neben dem Gartenhaus der „Oasenplatz" unter der circa 30 Jahre alten Weißbuche, die seit Jahrzehnten sämtliches Gärtnern an diesem Fleck Erde beobachtet und erlebt hat. Welche Geschichten sie wohl erzählen könnte?

Hier sind bequeme Sitzgelegenheiten im Schatten des Baumes. Wir genießen die selbstgemachte Rosmarinlimonade und erinnern uns an die Zeit vor 3 Jahren. Ein gewaltiger Umbau des früheren Rasenhanggrundstücks in dieses Paradies für Menschen und Tiere wurde von Heidi und Volker in genialer Weise gemeistert. Sie sind stolz und das sieht man.

Mehr Infos unter: www.hortus-aquaveganum.de

Hortus creationis

HENRY RICHTER

Ich öffne die Augen, da mich das Gegacker der Hühner über die erfolgreiche Eiablage aufgeweckt hat. In der Hängeschaukel der „Chill-out-Area" muss ich wohl eingenickt sein.

Henry, der Erschaffer vom Hortus creationis, ist nicht zu sehen. Nach knapp 120 Kilometer Strecke ins oberfränkische Pinzberg vor den Toren der Fränkischen Schweiz ist ein Nickerchen eine willkommene Erholung. Hier in 334 Höhenmetern befand sich früher ein Luftkurort mit einem Kurhaus und einem Waldbad. Das Bad gibt es nicht mehr. Das ehemalige Kurhaus wurde zum Landgasthof mit Gästezimmern umgewandelt. Wo ist Henry nun?

Von meinem bequemen Sitzplatz erblicke ich ein interessantes Bauwerk: einen Lehmbackofen. Erbaut auf einer „alten" 1000-Liter-Zisterneneinfassung aus Metall. Der Backofen selbst ist aus Fliesen, Steinen, Sand, Lehm sowie Stroh gebaut. Die etwa 30 Zentimeter breite Ofentür mit den Rußspuren verrät regelmäßige Back- und Kochaktivitäten. Henry ist wieder da und bringt gerade Kaffee für uns beide. In diesem Ofen werden regelmäßig leckere Brote, Pizzen sowie „Schäufele" und Haxn gezaubert, verrät er mir.

Blüten der Hotspotzone weisen den Weg zur Ertragszone.

Superbeete:

- Kartoffelturm
- Kraterbeet
- Kräuterspirale
- Mondsichelbeet
- Schlüssellochbeet
- Vulkanbeet

- Komposttoilette

Naturmodule:

- Holzkeller
- Nisthilfe
- Reisighaufen
- Sandarium
- Sonnenfalle
- Stehendes Totholz
- Steinhaufen
- Steinpyramide
- Wurmfarm
- Wurzelskulptur

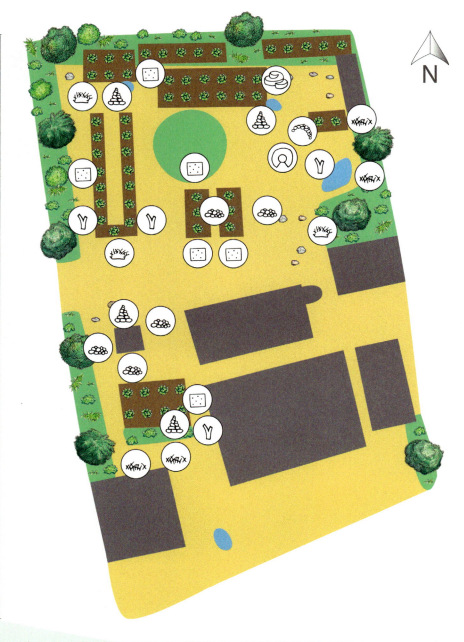

Hortus creationis 161

28,5m

31,5m

Hühner können in einem komplett versetzbaren Stall Bodenflächen für weitere Bepflanzung vorbereiten.

Geschützt ist dieses wetterempfindliche Bauwerk durch ein Dach. Meterlang schlingen sich hier Weinreben. Die blauen Trauben wachsen, aus einem 25-Zentimeter-Steckholz gezogen, auch in die andere Richtung zum Hühner- und Hasenstall. So bildet sich ein grünes Tor in den Hortus hinein. Wir durchschreiten diesen Eingang, rechts von der selbst ausgebrüteten Hühnerschar beäugt und links von den zwei Laufenten Frieda und Donald in Augenschein genommen. Dazwischen eröffnet sich ein chaotisch schöner Anblick.

Zwei kugelförmig zugeschnittene Essigbäume fallen auf, unter denen sich ein Schnellkomposter und der Misthaufen befinden. Der Weg, gepflastert mit Natursteinen, flankiert linksseitig eine Wasserstelle. Der Teich ist eingerahmt von einer großen bepflanzten Kirschbaumwurzel, Buchs und Ligusterhecken. Die Hecke ist noch Relikt aus den Jahren vor den Hortusianer-Zeiten. Die Teichschale, 2013 aus dem Sperrmüll gerettet, war das erste geschaffene Biotop und somit der Beginn einer Hortus-Reise.

Eine knapp 10 Meter lange „Puffotter", ein Wall aus Totholz und Strauchschnitt durchwachsen vom japanischen Staudenknöterich, begleitet den Weg. Der Neophyt macht keine Probleme, da er durch Aufessen und Schneiden seit Jahren im Zaum gehalten wird. Er vergrößert auch die wichtige Pufferzone und dient gleichzeitig als Sichtschutz zum Nachbarn. Im Herbst werden die trockenen Stängel zum Bau von Nisthilfen verwendet.

Der gepflasterte Weg endet nun vor einem Bau aus Holz und Folie. Dahinter ist ein offener Folientunnel aus Baustahlmatten zu erkennen. Die Eselsdisteln hier sind ein Flugplatz für Insekten aller Art. Das Folienhaus mit seinem vergitterten Auslauf dient als Wachtelhaus. Der Ruf des Wachtelhahns ist überraschend und ungewohnt; wir lauschen den fremd wirkenden Lauten.

Das Wachtelhaus ist eine Konstruktion aus alten Paletten. Auch bei den „Tomatentunneln" wurden alte Baustahlmatten verwendet. Upcycling ist ein großes Thema hier bei Henry. Der Gartenname erklärt sich jetzt eigentlich von allein. Hortus creationis – Garten der Kreativität oder, im tieferen Sinne, ein aus dem Nichts geschaffener Garten, vorwiegend aus gebrauchten, aber nicht verbrauchten Materialien.

Die Verwendung und die Mehrfachnutzung von ursprünglich einem anderen Zweck dienender Dinge sind Grundgedanken der Permakultur. Diese Gartenphilosophie erkennt man auch im nächsten Gartenabschnitt, dem „Square Food Garden". Eine Kräuterspirale, geschmückt von einer Steinpyramide mit dem Namen „Anfang", bildet den Beginn der Ertragszone. Danach folgen in verschiedenen Größen und aus verschiedenen Materialien bestehende Hochbeete, die durch Hackschnitzelwege verbunden sind. Die Rahmen sind 70 bis 80 Zentimeter hoch und gewährleisten eine rückenschonende Arbeitsweise. Die Bepflanzung folgt nach speziellen Mustern und ist der bekannten Mischkultur angelehnt.

Rechts davon, entlang des nördlichen Grundstücksrands, wird ein Beerengarten von zwei Kompostern aus Europaletten unterbrochen. Erdbeeren, rote und gelbe Himbeeren, Stachelbeeren, japanische Weinbeeren sowie schwarze und rote Johannisbeeren ziehen entlang des Maschendrahtzauns, der von einer Brombeere bewachsen wird.

Unvermittelt steht man vor einem weiteren Bau aus Holzlatten und Folie. Ein ungewöhnliches Gewächshaus. Die unausgewogene Seitenansicht lässt vermuten, der Erbauer hätte falsch Maß genommen. Doch Henry hat sich beim Bau viel gedacht. Die nach Süden gerichtete Front ist um einiges höher als die nach Norden zeigende Rückseite und kann so mehr Sonnenlicht einfangen. Die Tür in das Gewächshaus steht offen und beim Eintreten wundere ich mich erneut. Diesmal über die von der Decke hängenden Kanister, die mit Infusionsschläuchen zum Boden an die Gurken, Auberginen und Paprikapflanzen reichen. Der „Tropfer" ist auf 2,5 Liter pro Tag eingestellt und sorgt bei 10 Liter Fassungsvermögen der angeschlossenen

Schöterich-Mauerbiene Die Schöterich-Mauerbiene ist auf großblütige Kreuzblütler wie Raps, Senf und Schöterich spezialisiert. Bei dieser Art kann man sehr gut erkennen, dass sie in Abweichung zu der Honigbiene den gesammelten Pollen nicht an den Hinterbeinen in Körbchen, sondern unter dem Hinterleib in einer sogenannten Bauchbürste sammelt.

Kanister bis zu 4 Tage für genügend Wasser. Alles ist zusammengebastelt aus medizinischen Wegwerfartikeln.

Wieder draußen erfreuen verschiedene Stauden und Blumen, von Nahem betrachtet erkennt man eine Hotspotzone. Eine Wasserstelle und die Steinpyramide „Markus", was mich besonders ehrt, sind zwei wichtige Naturmodule. Die Pyramide ist tatsächlich nach mir benannt. Ich klopfe Henry stolz und anerkennend auf die Schulter. Wir sind umgeben von Muskatellersalbei, Natternkopf, Färberkamille, weißen Lilien und einer stattlichen Nachtkerze. Wir halten inne und wundern uns über die große Anzahl Hummeln, Wildbienen, Schlupfwespen, Honigbienen und Schmetterlinge.

Nach einer Weile drängt mich meine Neugier weiter. Ein riesiger Ginsterstrauch rechts verwehrt zunächst den Blick. Links vorbei ist ein grünbewachsenes Bauwerk umpflanzt mit Felsenbirne, Fingerstrauch und Essigbäumen zu erkennen, der „Pavillon". Bei der Betrachtung sehe ich auch Henry an, stolz und komplett anders als ich ihn vor Jahren kennengelernt habe.

2004 hatte er das Haus und den Garten als Mieter übernommen: 1300 Quadratmeter Fettwiese. Der Vormieter hatte altersbedingt die gesamte Fläche einfach sich selbst überlassen. Es waren die idealen Bedingungen für Löwenzahn, Scharfen Hahnenfuß, ein paar Gänseblümchen sowie vorwiegend Gras und nochmals Gras, verfilztes Gras.

Der körperliche Zustand von Henry war identisch mit dem Garten, träge und schwer. Als behäbiger Raucher stellte er sich den Anforderungen als Familienvater, Ehemann, Arbeitskollege und Freund. Den „Garten" hat er mit einem Rasentraktor in Schach gehalten. Die wöchentliche Arbeit, sitzend ausgeführt, umgeben von Gestank und Lärm, musste getan werden. Mehr nicht. Sollte das alles Gartenglück der Welt sein? Nein, da musste noch mehr sein und irgendwie entdeckte Henry über das Internet die Permakultur, den Hortus-Gedanken und somit neues Gartenglück.

Ostern 2013 besuchte mich Henry im Hortus insectorum und im Hortus felix, den ich gerade mit Gerlinde übernommen hatte. Ich spürte das Sehnen und das Feuer in ihm nach mehr Garten, nach

Hortus. Er dampfte damals E-Zigaretten. Ein Jahr später lief er seinen ersten 10-Kilometer-Volkslauf. Sein Garten begann sich zu verwandeln und war bald nicht wiederzuerkennen. Heute ist er durchtrainierter Triathlet ohne Nikotin. Die Fettwiese wird zur Oase des Lebens und der korpulente Gärtner wird zum Extremsportler. Strahlend und kopfschüttelnd beende ich meinen Gedankenspaziergang.

Vorbei links an Entenhausen, einem Domizil für sechs Mulardenenten, und rechts der Souterrainwohnung der Laufenten, ehemals gedacht als Erdkeller, kommen wir zur größten Hotspotzone, Pyramide und Benjeshecke im Hortus creationis.

Wir kehren zur „Chill-out-Area" zurück, vorbei an weiteren Hochbeeten mit Umrandungen aus hochkant gestellten Dachziegeln. Hier wachsen Rucola, Zucchini, Spinat und andere Leckereien für die hortane Versorgung. Totholz und weitere Obststräucher ergänzen das Angebot.

Gemütlich sitzend quatschen wir weiter über Herzschlag, hohen Puls, Anstrengung und erlebte Freuden. Reden wir nun über Sport oder Hortus? Wer weiß?

Viele Materialien sind **umsonst** zu bekommen und lassen sich kreativ weiterverarbeiten.

Service

Markus Gastl ist Gründer des Hortus-Netzwerkes, Buchautor, Naturschützer und Visionär. 2007 gründete er „Hortus insectorum" als ersten Garten seiner Art in Beyerberg, Mittelfranken. 2014 folgte sein zweiter Garten „Hortus felix". Regelmäßig veranstaltet er gemeinsam mit seiner Frau Gerlinde Strnad öffentliche Führungen durch seine Gärten. Im Juni 2018 bekam er die „Bayerische Staatsmedaille für herausragende Dienste um die Umwelt" verliehen.

Bezugsquellen

WERKZEUG UND MATERIAL

Alles, was Sie zum Bauen und Schrauben brauchen, bekommen Sie in einem gut sortierten Baumarkt. Sensen gibt es beim Sensenverein Deutschland unter www.sensenverein.de

NISTRÖHREN UND NISTHILFEN

Naturschutzcenter
Markus Lohmüller
Graf-Wolfegg-Straße 71, 72108 Rottenburg
Tel.: 07472 9249004
info@naturschutzcenter.de
www.naturschutzcenter.de
Umfangreiches Sortiment an Nistkästen, Futter und Infomaterial für Wildtiere

STRANGFALZZIEGEL

Creaton AG
Dillinger Str. 60, 86637 Wertingen
Tel.: 08272 860
www.creaton.de

PFLANZEN, STRÄUCHER UND SAATGUT

Bernd Schober Blumenzwiebelversand
Stätzlinger Str. 94a, 86165 Augsburg
Tel.: 0821 72989500
bschober@der-blumenzwiebelversand.de
www.der-blumenzwiebelversand.de
Blumenzwiebeln für Frühjahr und Herbst

Hof Berg-Garten.
Wildpflanzen für Blumenwiese & Naturgarten
Robert Schönfeld
Lindenweg 17, 79737 Herrischried
Tel.: 07764 239
info@hof-berggarten.de
www.hof-berggarten.de
Wilde Blumen und Samen für lebendige Gärten

Appels Wilde Samen GmbH
Brandschneise 2, 64295 Darmstadt
Tel.: 06151 929213
samen@appelswilde.de
www.appelswilde.de
Mischungen und Einzelsaaten einheimischer Pflanzen

DornenZauber
Markus Groß
Orffstr. 10, 91489 Wilhelmsdorf,
Tel.: 0160 94682146
markus.gross@dornenzauber.de
www.dornenzauber.de
Winterharte Kakteen & Sukkulenten, Beerensträucher

Zum Weiterlesen

Gastl, Markus:
Drei-Zonen-Garten: Vielfalt · Schönheit · Nutzen.
Verlag Dr. Friedrich Pfeil, 2015.
Ideenbuch Nützlingshotels. Verlag Eugen Ulmer, 2015.
Haeupler, Henning und Muer, Thomas:
Bildatlas der Farn- und Blütenpflanzen Deutschlands.
Verlag Eugen Ulmer, 2007.
Küster, Hansjörg:
Geschichte der Landschaft in Mitteleuropa. Beck, 2013.
Lehnert, Bernhard:
Einfach mähen mit der Sense. Faktum, 2008.
Poschlod, Peter:
Geschichte der Kulturlandschaft. Verlag Eugen Ulmer, 2015.
Rosenberger, Michael:
Im Brot der Erde den Himmel schmecken. Oekom, 2014.
Wackernagel, Mathis und Beyers Bert:
Footprint. CEP, 2013.

Bildquellen

Das Titelfoto und alle in diesem Buch abgedruckten Fotos stammen vom Autor, außer:

Matthias Beisser: S. 148, 151, 152.
Daniel Giersberg: S. 106, 108, 109.
Rainer Häffner: S. 142, 145.
Martin Herbst: S. 105, 111, 116, 123, 128, 135, 139, 147, 150, 158, 163.
Sigrid Nepelius: S. 112, 114, 115.
Henry Richter: S. 160, 162, 164.
Lisa Sting: S. 124, 126, 129.
Heidi Terpoorten: S. 154, 156, 157.
Gitta Wittich: S. 136, 138, 140, 146.

Alle in diesem Buch abgedruckten Zeichnungen stammen von Alexander Gaidys, www.mrstampfer.de, www.youtube.com/c/MrStampfer.

Impressum

Die in diesem Buch enthaltenen Empfehlungen und Angaben sind von dem Autor mit größter Sorgfalt zusammengestellt und geprüft worden. Eine Garantie für die Richtigkeit der Angaben kann aber nicht gegeben werden. Autor und Verlag übernehmen keine Haftung für Schäden und Unfälle. Bitte setzen Sie bei der Anwendung der in diesem Buch enthaltenen Empfehlungen Ihr persönliches Urteilsvermögen ein.
Der Verlag Eugen Ulmer ist nicht verantwortlich für die Inhalte der im Buch genannten Websites.

Bibliografische Information der Deutschen Nationalbibliothek
Die Deutsche Nationalbibliothek verzeichnet diese Publikation in der Deutschen Nationalbibliografie; detaillierte bibliografische Daten sind im Internet über http://dnb.d-nb.de abrufbar.

Das Werk einschließlich aller seiner Teile ist urheberrechtlich geschützt. Jede Verwertung außerhalb der engen Grenzen des Urheberrechtsgesetzes ist ohne Zustimmung des Verlages unzulässig und strafbar. Das gilt insbesondere für Vervielfältigungen, Übersetzungen, Mikroverfilmungen und die Einspeicherung und Verarbeitung in elektronischen Systemen.

© 2018 Eugen Ulmer KG
Wollgrasweg 41, 70599 Stuttgart (Hohenheim)
E-Mail: info@ulmer.de
Internet: www.ulmer.de
Lektorat: Bettina Brinkmann, Alessandra Kreibaum
Herstellung: Silke Reuter
Umschlag-Konzeption: Ruska, Martín, Associates GmbH, Berlin
Umschlag-Gestaltung: red.sign, Stuttgart: Anette Vogt
Satz: red.sign, Stuttgart: Gerhard Junker
Reproduktion: timeRay Visualisierungen, Jettingen
Druck und Bindung: Firmengruppe APPL, aprinta Druck, Wemding
Printed in Germany

ISBN 978-3-8186-0515-5